GUIDE
DE LA
COLONISATION
AU
TOGO

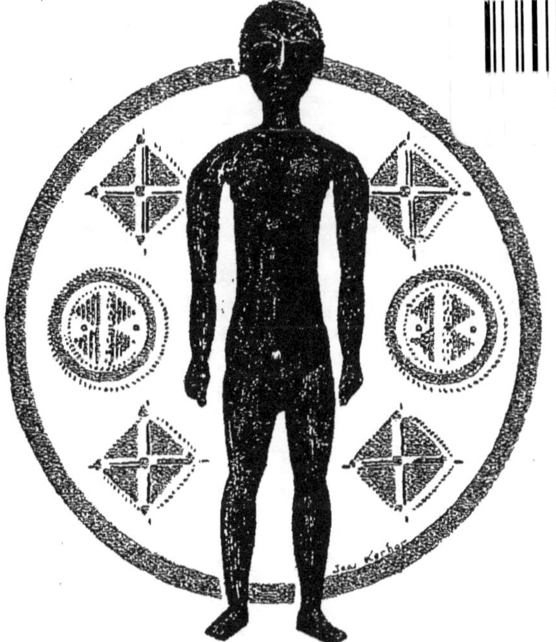

PARIS

ÉMILE LAROSE, LIBRAIRE-ÉDITEUR

11, RUE VICTOR-COUSIN, 11

1924

GUIDE DE LA COLONISATION

AU

TOGO

Commissariat de la République Française au Togo

GUIDE

DE LA

COLONISATION

AU

TOGO

Avec 4 graphiques, 6 cartes et 29 reproductions photographiques

PARIS

ÉMILE LAROSE, LIBRAIRE-ÉDITEUR

11, RUE VICTOR-COUSIN, 11

1924

1. Conseil des Notables de Lomé. M. le Commissaire de la République Bonnecarrère.

PREMIÈRE PARTIE

CHAPITRE PREMIER

Géographie physique

CARACTÈRES GÉNÉRAUX

Au premier aspect, le Togo apparaît comme étant partagé dans toute sa longueur par une chaîne de montagnes dirigée du Sud-Sud-Ouest au Nord-Nord-Est.

Cette chaîne paraît être un fragment du système montagneux des montagnes schisteuses de la Haute-Guinée, et qui, se formant en Côte d'Or, traverserait le Togo en diagonale et se prolongerait jusque dans la région soudanaise.

En fait, cette chaîne est nettement coupée en deux endroits : au Sud par la Volta, au Nord par le Kérang, qui marque la discontinuité de la chaîne ; telle qu'elle se présente à nous, la constitution géologique et physique du Togo est plus complexe et nécessite les divisions suivantes :

I. — FORMATION GÉOLOGIQUE

1º Zone côtière composée de sables et d'alluvions fluviales ;

2º Zone de 25 à 30 kilomètres de large, peu accidentée ; terrain mélangé de boues, sables et cailloux de l'âge pléistocène ;

3º Pénéplaine, limitée par les premiers contreforts du massif montagneux et composée de terrains anciens : gneiss et roches éruptives (granit, diorit) ;

4º Chaîne montagneuse (monts du Togo) : zone très nettement marquée à l'Ouest et s'étendant depuis le massif de l'Agou jusqu'au massif du Tamberma, composée de roches d'origines sédimentaires (micaschistes, schistes quartzeux) ;

5º Zone montagneuse plus à l'Ouest, parallèle à la chaîne précédente, comprenant les massifs de Kpandou, Bouem, N'tribou et Bassari ; les terrains sont composés en majeure partie par des moraines de fond, des conglomérats et des grès arkoses ;

6º Bassin de l'Oti et de la Volta, se prolongeant jusqu'au pays Moba, formé de schistes et de calcaires ;

7º Pénéplaine appartenant au pays Gourma et formé de roches cristallines.

RELIEF

1º Zone côtière sablonneuse, de très faible hauteur, constituant un « mur de lagune » ;

2º Plateau côtier (hauteur moyenne : 70 à 100 mètres) traversé par l'Aka, le Sio et le Haho ;

8º Monts du Togo : chaîne dont la hauteur varie de 500 à 1.000 mètres, orientée vers le Nord-Nord-Est et que l'on peut diviser en deux parties principales : le massif du Togo proprement dit et le massif de la Kara.

A) Le massif du Togo, qui comprend :

a) Au Sud, le massif de l'Agou, composé de quelques chaînons isolés partant de la Volta ; c'est dans cette région que se trouve le pic d'Agou, haut de 1.020 mètres ;

b) Au centre, le massif des Fétiches, bloc très fermé, aux versants abrupts, notamment dans les parties est et sud ; le plateau central est fortement travaillé par l'érosion ; les nombreux accidents de terrain et la richesse du sol font de ce massif une des régions les plus pittoresques du Togo ; notamment, la gorge de Kamé, ainsi que la chute d'Agomé, constituent des points de vue remarquables.

Le massif des Fétiches, ainsi dénommé parce que les dieux et fétiches sont supposés y demeurer, est à vrai dire une chaîne formée au Sud par le massif de l'Avatimé, qui se partage en deux chaînons, puis au centre par le large plateau de l'Akposso, très érodé et dont le versant Ouest est très abrupt, et au Nord par le plateau de Fasaou, de nature très différente et dont le versant Est est en pente très douce et vient aboutir aux agglomérations de Fasaou et de Kjiringa ;

c) A l'Ouest, le massif de Bouem (hauteur moyenne de 500 à

800 mètres), constitué par une série de chaînons allant du Sud au Nord ; ce sont les chaînons de Kpandou, Bouem, Barada, Kounya et Tapa.

B) Le massif de la Kara, dont la partie Ouest conserve la nature et l'orientation générale de la chaîne montagneuse, mais dont la partie Est s'en sépare nettement par sa nature propre et par son orientation Ouest-Est.

On peut distinguer trois régions principales :

a) Le massif du Tchaudio, où la rupture est particulièrement sensible : tandis que la partie Ouest n'est autre chose que la continuation du massif des Fétiches, partant du plateau de Fasaou et conservant une hauteur moyenne de 600 à 800 mètres, la partie Est, formée par les massifs de Koronga et de Soudou-Dako et par des hauteurs isolées, est nettement orientée de l'Ouest à l'Est ; le massif de Koronga, très travaillé par l'érosion et par des effondrements, est séparé par la plaine du Tim du massif de Soudou-Dako ; celui-ci, traversé par de nombreux ruisseaux et sillonné de ravins et de gorges, forme une ligne de partage des eaux assez accusée ;

b) Une partie de la chaîne de l'Atakora, qui se divise en trois massifs : celui de Losso-Tamberma au Nord-Ouest, celui de Kabomé au centre, celui de Siou à l'Est ;

c) Le massif de Barba-Bassari, suite géologique du massif du Bouem, composé de chaînons et de pics isolés ;

4° Enfin, à l'ouest de la chaîne des monts du Togo, se trouve une large plaine arrosée par la Volta, l'Oti et tous leurs affluents, et qui se poursuit en Côte d'Or dans la région de Salaga. Un seul renflement, dans la région de Yendi, sépare l'Oti des affluents de la Volta.

Cette plaine conduit sans autre transition jusqu'à la chaîne de Gambaga, située au Nord-Ouest du Togo, en traversant le pays Moba ; elle est orientée de l'Ouest à l'Est et ne dépasse pas 500 mètres de hauteur ; son versant Nord, très abrupt, forme une muraille surélevée de 200 à 250 mètres qui domine la vaste plaine du pays Gourma.

HYDROGRAPHIE

Cours d'eau. — Le réseau hydrographique du Togo apparaît très simple à première vue ; de part et d'autre de la chaîne montagneuse, quelques cours d'eau descendent du Nord au Sud, alimentés par des affluents coulant transversalement.

Il est donc possible de distinguer deux grands réseaux, séparés par les monts du Togo :

1º Le réseau formé par la Volta et ses affluents ;

2º Une série de fleuves côtiers coulant parallèlement du Nord au Sud et de nature peu différente.

1º *La Volta* (située aujourd'hui en zone anglaise) est de beaucoup le fleuve le plus important de la région. Son lit est de dimension très variable ; il atteint 400 à 500 mètres de largeur dans la région de Kété-Kratchi, puis il se resserre, et à Kpandou il n'a plus que 250 mètres et sa profondeur moyenne est de 1 à 2 mètres.

La Volta est navigable, malgré de nombreux rapides.

Les principaux affluents sur la rive gauche sont :

Le Kouloukpéné, situé également dans la zone anglaise.

L'Oti prend sa source au Dahomey, dans le massif de l'Atakora, sous le nom de Pendjari ; il coule d'abord vers le Niger dans la direction Nord-Est, puis, après deux coudes brusques, prend la direction Sud-Ouest et pénètre dans le Togo, s'étale dans la plaine en de nombreux méandres et finit par se jeter dans la Volta, dans la région de Kété-Kratchi.

Sa largeur, qui ne dépasse pas 100 mètres à son entrée au Togo, atteint 200 mètres près de Sansané-Mango ; sa zone d'inondation est considérable, bien que les berges soient très élevées ; elles atteignent 10 à 15 mètres près de Sansané-Mango et 30 mètres dans la suite ; la berge gauche s'élève même à 100 mètres dans la région de Palba.

Malgré les bancs de sable et les rochers qui encombrent son lit, l'Oti est navigable, pendant six mois de l'année, pour les barques à fond plat, jusqu'à Sansané-Mango.

Ses affluents de la rive droite sont peu importants ; par contre, l'Oti est alimenté sur sa rive gauche par une série d'affluents, venant des hauteurs, dont le débit est très variable suivant les saisons et dont le lit est fortement travaillé par l'érosion ; souvent même ces ruisseaux ou torrents changent de lit d'une année à l'autre, ce qui explique les difficultés de communication.

Les principaux affluents sont les suivants :

Le Koumaga, qui s'appelle d'abord Kerang, prend sa source dans le Dahomey par de nombreux ruisseaux descendant des collines dé Birni ; il traverse le massif du Siou, puis passe entre le massif du Losso et du Tamberma par une gorge étroite et pénètre enfin dans la vallée de l'Oti, où sa largeur atteint 80 mètres.

La Kara prend également sa source au Dahomey, dans la région

Djougou-Semere ; à son entrée au Togo, c'est un torrent infranchissable en temps de crue ; ayant reçu quelques affluents des massifs environnants, elle s'élargit de 50 à 200 mètres, puis pénètre dans une gorge étroite entre deux murailles hautes de 20 mètres ; plus loin, dans la région d'Adjala, elle forme la cascade appelée « Cascade du Forgeron » et débouche enfin dans la plaine.

Les autres affluents de l'Oti sont le Ho, qui prend sa source dans le massif du Soudou-Dako, et le Bassa, qui descend du plateau du Fasaou.

Le dernier affluent notable de la Volta est l'Asouoko (Rivière Rouge) qui descend de l'Adélé.

Ces trois derniers cours d'eau sont remarquables parce qu'ils coulent dans des ravins profonds et resserrés qu'ils ont creusés dans la montagne.

2° *Fleuves côtiers.* — Le Sio et l'Haho sont alimentés par de nombreux ruisseaux sortant du plateau de l'Akposso ; ils se jettent tous les deux dans le lac Togo après avoir formé un delta ; le delta du Haho est enrichi par les eaux du Lili.

Le Mono, qui forme la limite avec le Dahomey, est plus important, bien que très inégal comme débit ; il prend sa source dans le massif du Tchaudio ; à Kpessi, sa largeur est de 80 mètres ; il reçoit à sa gauche l'Ogou, venant de la région de Kamina.

Les affluents de la rive droite sont : l'Ana, infranchissable pendant la saison des pluies ; l'Amou, qui prend sa source dans l'Akposso ; le Chra, qui est absolument à sec pendant la période de sécheresse.

Malgré les rapides, le Mono est navigable pendant quelques mois de l'année ; pendant la crue, le niveau de l'eau s'élève parfois de 10 mètres.

D'une façon générale, toutes les rivières du Togo ont un débit variable suivant l'époque de l'année : tandis que pendant la saison sèche les rivières ne sont plus alimentées que par les sources et sont à sec pour la plupart, sitôt la saison des pluies revenue une crue rapide et violente se produit ; le niveau des eaux monte très rapidement, les champs et terrains environnants sont submergés et les torrents venant des montagnes déversent leurs alluvions sur tout le cours et même jusqu'à la mer ; les lagunes côtières sont, de ce fait, en voie de comblement et d'assèchement.

LAGUNES

Sans avoir la dimension et l'importance de la lagune de Quittah, longue de 40 kilomètres et large de 14, et qui est un centre de commerce, les lagunes du Togo sont assez importantes :

1º La lagune de Kétého (lac Togo), située à 600 mètres de la mer derrière Porto-Ségouro, a environ 11 kilomètres de long et 5 kilomètres de large ; sa profondeur moyenne est de 2 mètres à 2ᵐ,50 ; ce lac, alimenté par les eaux du Sio et de l'Haho, ne contient pas de sel, en contraste avec la lagune de Quittah ;

2º La lagune de Vo, reliée par un bras de 100 à 600 mètres de large au lac Togo et alimentée en grande partie par celui-ci, est de dimension très inférieure ; elle est composée de plusieurs bras et ses bords sont habités par de petits villages de pêcheurs ;

3º Enfin, on peut citer les lagunes de Dénou et de Bé, situées au nord de Lomé et qui sont presque complètement asséchées.

****

II. — CLIMATOLOGIE

1º *Température.* — La chaleur est assez élevée et constante ; les saisons ne sont pas marquées par de grandes variations de température.

Le tableau suivant indiquera l'époque et la nature des saisons :

Décembre-mars : Saison sèche et chaude. Vents de la mer sur la côte. Vents du Nord et du Nord-Est dans l'intérieur.

Mars-avril-mai-juin : Pluies (tornades, averses).

Juillet-août-septembre : Période sèche, mais température moins élevée.

Octobre-novembre : Deuxième saison des pluies.

(Dans la région du nord du Togo, il n'y a qu'une saison des pluies dont le maximum est en septembre).

Le graphique nº 1 permettra de se rendre compte des variations de température pendant l'année dans les différentes parties du Togo ; les observations de la station de Kpémé peuvent s'étendre à toute la région côtière, celle des stations de Ho et Amedchové à toute la région Sud-Ouest (l'écart de température entre ces deux stations s'explique par leur différence d'altitude, la station d'Amedchové étant située à 770 mètres au-dessus du niveau de la mer ; l'allure générale des deux courbes est d'ailleurs la même). Enfin, les observations de la station de Bismarckbourg peuvent s'étendre à toute la région centrale, et celles de la station de Ouagadougou, située dans la région soudanaise limitrophe, à la région Nord du Togo.

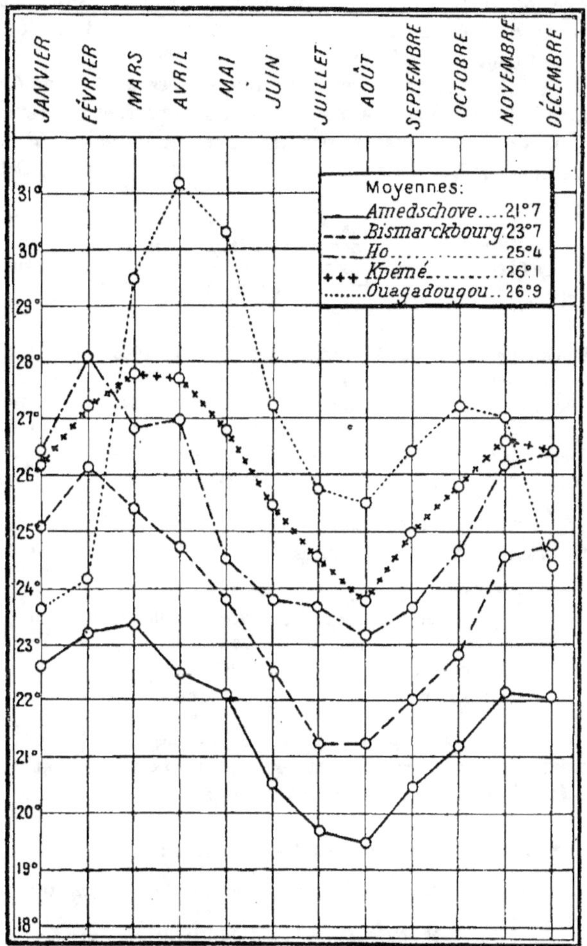

Fig. 1. — Graphique des variations de température

En résumé, ce graphique montre un minimum de température en juin et juillet qui, sans être considérable, est sensible et général pour tout le Togo.

Le second minimum de température, remarquable pour la station de Ouagadougou, s'explique par le fait que, pendant l'hiver, la région saharienne est relativement froide et la pression atmosphérique élevée ; c'est l'époque des vents secs venant du Nord-Est et dont l'action se fait sentir jusque sur la côte.

Il est à remarquer également que les écarts de température entre les maxima et minima moyens, d'une part, et les maxima et minima extrêmes, d'autre part, augmentent de valeur à mesure que l'on pénètre dans l'intérieur, ainsi que l'indique le tableau suivant :

STATIONS	ÉCART des températures moyennes	MAXIMA extrêmes	MINIMA extrêmes	DIFFÉRENCES
Ouagadougou........	7°7	42°	10°3	31°7
Bismarckbourg......	5°1	36°9	14°7	22°2
Salaga	3°7	38°1	16°5	21°6
Amedchové.........	3°7	32°8	15°5	17°3
Kpémé	4°2	—	—	—
Porto-Novo	4°1	37°4	15°8	21°6

En définitive, en réduisant les températures au niveau de la mer, on obtient les valeurs suivantes :

Zébé.................	26°5
Amedchové............	25°6 (au lieu de 21°7)
Salaga	27°
Bismarckbourg.........	27°3
Ouagadougou.........	29° (au lieu de 26°9)

2° Pression atmosphérique. — Le graphique n° 2 montre les variations de la pression atmosphérique pour les stations de Kpémé (zone côtière), Bismarckbourg (zone centrale) et Elmina, situé en Gold-Coast.

La moyenne et les écarts sont les suivants :

STATIONS	MOYENNES	ÉCARTS
Bismarckbourg.........	700m/m,3	3m,5
Elmina...............	757m/m,4	3m,6
Kpémé	758m/m,3	4m,8

D'autre part, en examinant les courbes de ce graphique, on constate qu'il vient à l'appui du graphique n° 1, le maximum de pression correspondant au minimum de température, et inversement, suivant la règle générale ; ce fait est particulièrement sensible pour les mois de juin, juillet et août.

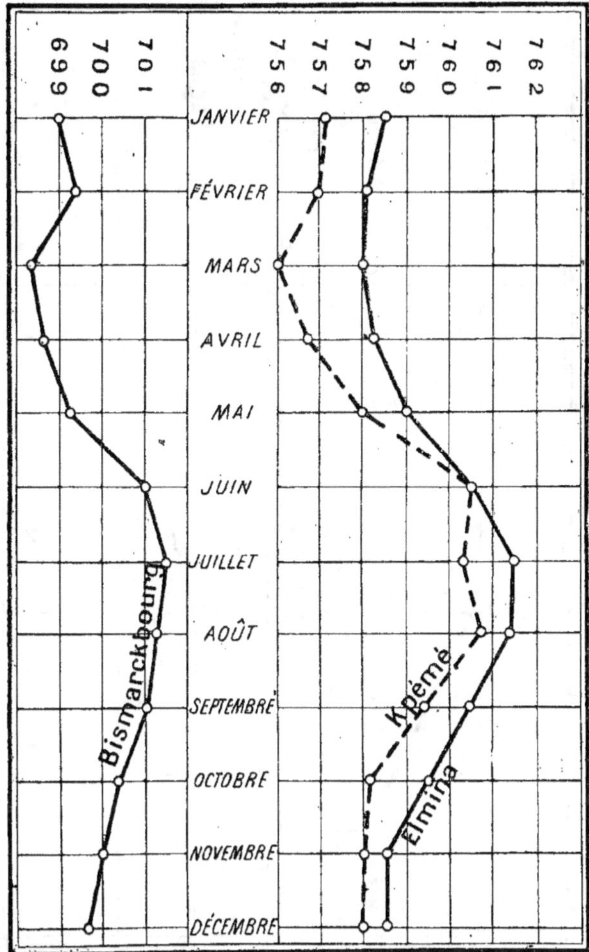

Fig. 2. — Graphique des variations de la pression atmosphérique

3° *Pluies*. — Une vue rapide de la carte des pluies de la côte d'Afrique permet de constater que la zone côtière (graphique n° 3)

est beaucoup plus sèche que les régions limitrophes, aussi bien à l'Ouest qu'à l'Est.

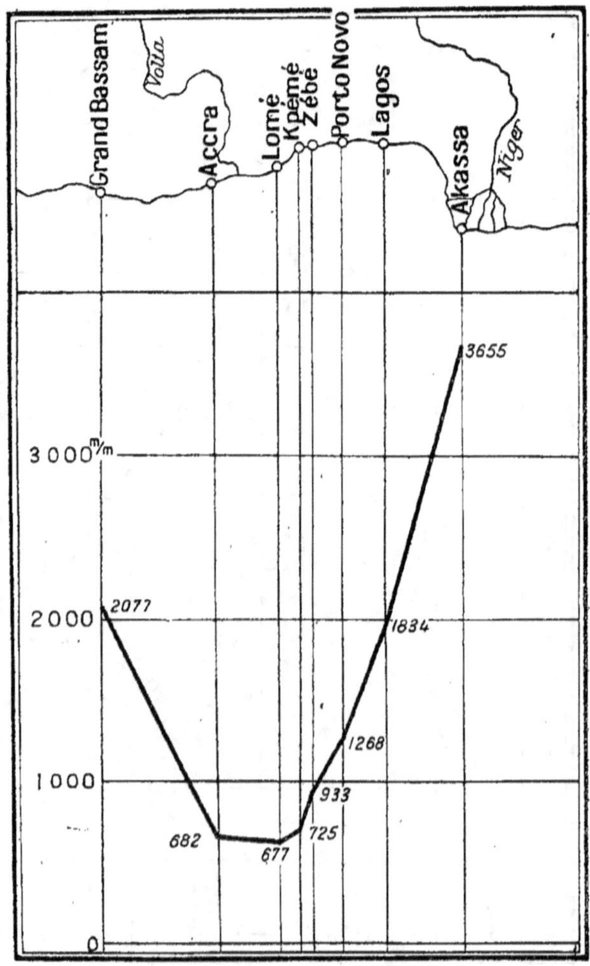

Fig. 3 — Carte des pluies de la côte

Il faut remarquer également que cette zone est la région la moins arrosée du Togo. La carte suivante (n° 4) montre les différentes zones de pluies ; c'est dans la région d'Amedchové et de

Palimé qu'il pleut le plus ; le nombre de jours de pluies dans l'année dépasse 150, et la quantité d'eau tombée dépasse 2.000 millimètres.

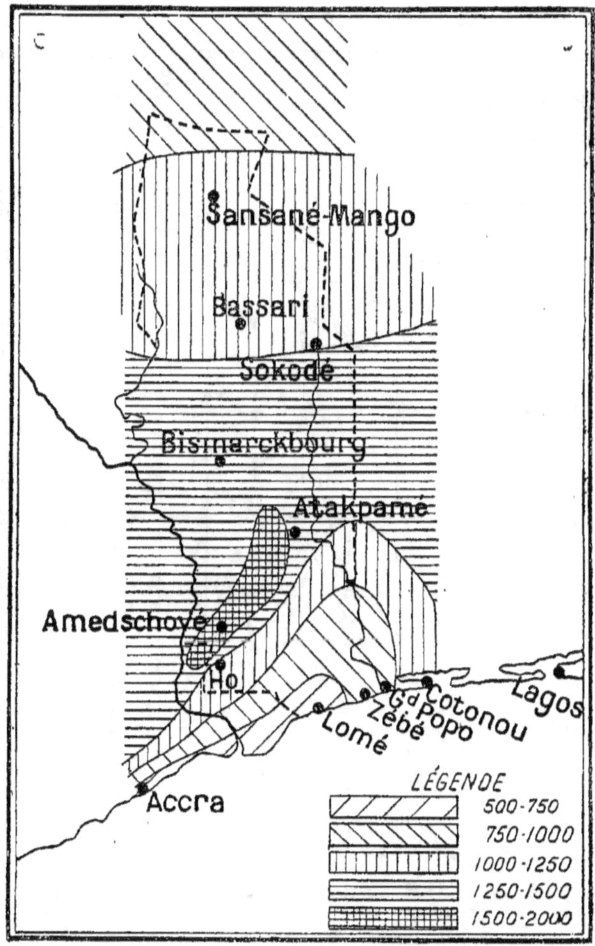

Fig. 4. — Carte des zones de pluie sur le Territoire

Le graphique n° 5 indique les quantités de pluies moyennes dans les différentes régions du Togo.

En examinant ces quatre courbes, on remarque aussitôt que les deux saisons de pluies sont très nettes pour les deux stations du Sud : Lomé et Palimé, moins sensibles pour Sansané-Mango, indistinctes pour Ouagadougou, où il n'y a plus qu'une seule saison des pluies, commençant en septembre.

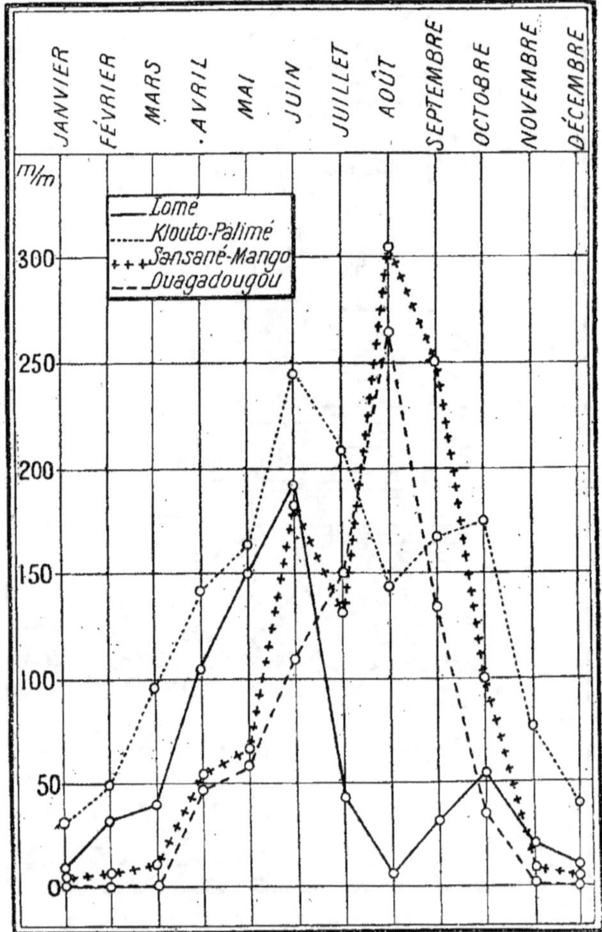

Fig. 5. — Graphique des quantités de pluie moyennes

Il est nécessaire d'ajouter que les courbes de ce graphique représentent des valeurs moyennes, mais non pas normales. Ce fait est sensible, notamment pour la deuxième saison des pluies de la région côtière ; elle est quelquefois presque nulle, quelquefois plus importante que la première saison. La quantité totale des pluies dans une année varie beaucoup également, ainsi que le prouve le tableau suivant de comparaison des pluies de 1911 et 1912 :

STATIONS	1911	1912
Agou................	1.314 millim.	1.078 millim.
Ho	1.370 —	910 —
Atakpamé..........	1.624 —	766 —
Bassari.............	1.587 —	905 —
Anécho.............	906 —	533 —
Palimé.............	1.408 —	1.050 —

Les pluies sont, en général, assez violentes, accompagnées d'orages et même de tornades ; elles se prolongent pendant plusieurs heures et même pendant des journées, avec des arrêts de peu de durée ; il n'est donc pas étonnant que l'on ait obtenu des chiffres considérables, comme 145 millimètres d'eau en vingt-quatre heures à Palimé et 165 millimètres à Tafié.

Pendant la durée de ces orages la température diminue fortement, mais, par contre, la pression atmosphérique ne varie pas de façon sensible.

4° *Vents*. — Dans la zone côtière, le vent souffle presque toujours du Sud : c'est le vent de la mer ; dans l'intérieur, son action se fait sentir pendant une grande partie de l'année, mais, à partir du mois de décembre, il fait place au vent du Nord, l'harmattan : c'est un vent très violent, chargé de poussières ; il est craint des indigènes, car il amène le froid ; ce n'est d'ailleurs qu'une impression, la température restant sensiblement la même (excepté pendant la nuit) et montant même parfois ; la véritable cause de cette sensation de froid provient de l'évaporation intense qui se produit alors ; l'harmattan, vent venant du désert, et par suite très sec, absorbe l'humidité des corps ; tout se dessèche, se recroqueville, aussi bien les organismes vivants que les objets inanimés ; l'harmattan serait même la cause de certaines maladies nerveuses chez les indigènes.

CHAPITRE II

Races. — Religions. — Mœurs

I. GÉNÉRALITÉS

Le Togo n'a jamais formé et forme encore moins, à l'heure actuelle, un ensemble homogène au triple point de vue : races, religions, mœurs.

D'autre part, l'influence de la civilisation européenne, de plus en plus considérable, se manifeste par degrés et a créé de ce fait une nouvelle différence entre les races.

On peut actuellement envisager trois zones principales de civilisation :

1º *Zone côtière* où les habitants, vivant continuellement près des Européens, ont adopté leurs manières de vivre ; ce sont pour la plupart des commerçants ou employés, intelligents et instruits.

2º *Zone méridionale et centrale.* — Centre de civilisation Ouest africaine ; en dehors de l'influence européenne, les indigènes de cette région ont su organiser leur vie et leur habitation de façon convenable ; leur religion est basée sur une mythologie que les auteurs allemands ont voulu comparer à la mythologie grecque et romaine ; il y a certaines tentatives artistiques et un commencement d'industrie.

3º *Zone septentrionale.* — Les peuplades sont plus arriérées, le costume est plus sommaire.

***

II. — RACES ACTUELLES. LANGAGES. TYPES

A) Zone Sud :

a) Sur la côte, les Ehoués, qui couvrent une zone qui s'étend jusqu'à Kpandou et au delà de Nuatja. Le centre principal serait à Ho (zone anglaise) ;

2. Hôtel du Commissaire de la République.

3. Les bureaux et le tribunal de la circonscription de Lomé.

b) Dans le bassin formé par la Volta et par ses affluents, on trouve surtout les peuples suivants : les Tschi ou Aschanti (dont la langue existe encore actuellement), les Guang et Ngbandje ;

c) Le bassin du Mono est habité par les Fons, qui font partie de la souche Ehoué établie au Dahomey.

B) Zone centrale :

Dans cette zone se trouvent les peuplades de l'Akposso et de l'Akébou, dont les langages diffèrent peu, et celles de l'Adélé. Le groupe de N'tribou est de langue Tim.

C) Zone du Nord :

Cette zone peut être divisée en deux parties : le groupement des pays montagneux de l'Est et le groupement des plaines de l'Ouest, bien différents l'un de l'autre.

a) Dans l'Est, chaque peuplade habite un massif ; en partant du Sud, nous trouvons le groupement Kotokoli, puis le groupe de Bassari (Tschamba), puis le groupe formé par les Konkomba (ou Kokpounkpaong), enfin le groupe de Losso, Cabrais et Difalé. Ces quatre groupes sont d'ailleurs apparentés, étant de la race Bariba et parlant la langue Tim.

Trois autres groupes, de race Bariba, se trouvent plus au Nord : ce sont les habitants de Tamberma, Namba et Natiaba :

b) Dans les plaines de l'Ouest, on peut distinguer le groupe Moba, de langue Tim ; les Gourmas, puis les groupes Dagombas, Nanombas, et les Baoulés, de la race Dagbanne-Mossi.

Enfin, il ne reste plus à examiner que deux races bien à part mais sans résidence fixe et sans groupement : ce sont les Foulbés et les Haoussas. Les Foulbés sont des bergers nomades, disséminés dans toute la région Nord, qui vont de pâturage en pâturage, promenant leurs troupeaux. Les Haoussas, de religion islamique, dont le costume, la tenue et l'aspect physique sont très différents, sont des voyageurs commerçants qui circulent depuis le Soudan jusque sur la côte.

Les langages principaux parlés actuellement sont la langue Ehoué, dans le Sud, la langue Tschi et Aschanti, à l'Ouest, et le Bariba au Nord-Est, le Mossi et le Gourma au Nord.

Parmi les langues mortes, il est à signaler la langue Ehébeso (appelée également langue d'Agou), ou bien langue des fétiches, dont les prêtres se servent encore actuellement.

Il serait difficile d'établir des types physiques bien définis. On a voulu pourtant distinguer deux types principaux : il y aurait le nègre couleur brun foncé, gras et de grandeur moyenne, au nez large et épaté, aux lèvres épaisses, et puissamment musclé. Le second type serait peu différent du type éthiopien, long et maigre, aux membres allongés. Cependant, ces deux types sont croisés à l'infini et l'on trouve tous les intermédiaires.

Le plus beau type du Togo est, sans contredit, le Cabrais, dont le corps, généralement bien proportionné, révèle une vigueur peu ordinaire ; son costume est des plus simples, mais il y a suppléé par de nombreux tatouages et incisions aux formes variées. Les Cabrais sont généralement dociles, mais d'intelligence jusqu'ici peu éveillée.

La race est le plus souvent indiquée par les tatouages des individus ; les Ehoués (surtout les femmes) sont marqués de trois petites coupures disposées en éventail sur les joues.

En dehors de ce signe, les tatouages sont des ornements très appréciés, notamment dans la région de l'Adélé, de Kébou et des Konkombas.

*
* *

III. — RELIGIONS

Sur une population évaluée à 758.000 habitants, on compte environ 34.000 chrétiens, catholiques et protestants, et 20.000 musulmans. Les chrétiens se trouvent répartis dans les quatre cercles du Sud, de Lomé, Anécho, Klouto-Palimé et Atakpamé ; les musulmans sont plus particulièrement cantonnés dans le Nord, régions de Sokodé et Sansanné-Mango. Le restant de la population, soit la presque totalité, comprend des fétichistes.

Ceux-ci sont loin d'avoir une religion commune ; chaque région possède ses dieux et son culte particuliers ; ce qui est défendu à Lomé ne l'est pas à Anécho et inversement. Il existe cependant quelques divinités reconnues et adorées dans toutes les régions.

*
* *

IV. — LA VIE DES INDIGÈNES

1º Organisation politique et sociale

L'organisation politique et sociale du pays était à peu près inexistante avant l'occupation européenne. Si nous exceptons, en effet, le Chef supérieur des Cotocolis, dont l'autorité s'étend sur un groupement d'une vingtaine de milliers d'individus, doté d'une sorte d'organisation féodale, et le Chef d'Anécho, dénommé pompeusement « roi d'Anécho », mais dont le commandement ne dépasse pas les limites d'une bourgade de trois mille habitants, il n'existe pas au Togo français de « grands chefs » dans le sens généralement attribué à ce terme, qui implique un descendant d'une grande et vieille famille régnant par droit d'hérédité sur un grand nombre de sujets. Nous ne trouvons ici qu'une poussière de villages minuscules commandés par les deux ou trois chefs de familles composant l'agglomération. Pour remédier à ce défaut total d'organisation politique, source de difficultés pour l'Administration européenne, incapable de faire entendre ses injonctions à une population aussi éparpillée, les Allemands créèrent des cantons, comprenant un certain nombre de villages, qu'ils placèrent sous l'autorité des notables les plus influents. Nous avons conservé ces organismes par raison administrative et en considérant surtout qu'ils représentaient pour les indigènes la seule façon d'apprendre à se gouverner eux-mêmes, les Chefs de canton devant, en effet, toujours appartenir au même groupe ethnique que les populations placées sous leur commandement.

Cette organisation très simple a été perfectionnée, dès le début de l'année 1922, par la création, dans les cercles de Lomé, Anécho, Atakpamé et Palimé, de Conseils de notables qui ont permis d'associer les collectivités du Bas-Togo à l'Administration du pays. Ces organismes, qui ont rencontré chez les indigènes l'accueil le plus favorable, sont régulièrement consultés sur toutes les questions intéressant la vie politique, administrative et économique du Togo.

Deux autres Conseils de notables ont été, d'autre part, créés à Sokodé et Bassari, au début de l'année 1924.

2° LA VIE COURANTE

Les habitations contiennent généralement deux pièces : l'une sert de chambre à coucher et de salle à manger en cas de pluie ; l'autre, plus petite, sert à l'indigène pour le métier qu'il exerce ; il y dépose des outils, son attirail, et y place également les aliments et l'eau qu'il tient en réserve.

Le mobilier est sommaire : des nattes servant de lit (les femmes utilisent quelquefois une espèce de traversin placé sous la nuque, afin de protéger la coiffure) ; peu de sièges, ce sont des petits bancs ou sièges creusés et taillés dans une seule pièce. Comme accessoires, on trouve des sacs en paille ou en cuir, des jarres de terre et des calebasses de tailles et formes variables servant à contenir les aliments, solides et liquides, ainsi que l'eau.

La cuisine se fait au dehors, sur un foyer composé par trois pierres, alimenté par des herbes et du bois sec.

La nourriture des indigènes est composée presque uniquement de végétaux et de poisson, qui est pêché sur la côte et dans les lagunes, séché au soleil et conservé. Le poisson est remplacé par la viande dans les régions du Nord.

Le maïs est l'élément indispensable, servant de pain, et vendu sous la forme de boules légèrement cuites et entourées de feuilles connues sous le nom d'akassa. Le maïs se mange également sous forme de bouillie et de gâteaux frits dans l'huile de palme.

Le manioc et le riz sont également très estimés.

L'igname, dont le goût rappelle celui de la pomme de terre, se mange frit à l'huile ou cuit sous la cendre ; c'est presque le mets national et sa récolte est marquée par des fêtes et des réjouissances générales.

Parmi les plats préparés, le plus caractéristique est un ragoût de légume et de poisson, cuit lentement et fortement épicé avec des herbes, des piments et du gombo.

Les fruits les plus courants sont : les papayes, ananas, bananes, oranges vertes, citrons, cocos, etc.

La viande des animaux domestiques se consomme également ; on trouve du bœuf, de la chèvre, du mouton et du porc ; la volaille se trouve aussi sur les marchés. Les œufs ne sont pas appréciés, sauf à la coque, cuits et durs.

Les boissons les plus courantes sont ; le vin de palme et la bière de maïs ou de mil, ou simplement l'eau ; les eaux-de-vie sont très estimées.

Les indigènes ont une prédilection pour la musique et la danse. Parmi les instruments de musique employés, on peut citer la guitare, composée essentiellement d'un bâton traversant une calebasse ; sur celle-ci est tendue une peau, le tout formant caisse de résonnance.

Les indigènes se servent d'ailleurs maintenant de tous les instruments à bon marché qui leur ont été fournis autrefois par l'industrie allemande (guitare, flûtes, harmonicas, etc.) et dont l'usage se répand peu à peu dans l'intérieur.

3° Habillement

Dans toute la région du Nord, les indigènes ne portent aucun vêtement, excepté des pseudo-ceintures, plutôt par nécessité ou par ornement que par pudeur, ce sentiment étant complètement inconnu dans ces régions.

A mesure que l'on s'avance vers le Sud, l'usage du pagne se généralise ; qu'il soit fait en étoffe indigène ou en cotonnade imprimée, c'est un grand morceau d'étoffe que les hommes drapent autour du corps, relevant un pan par dessus une épaule, et que les femmes enroulent sous les aisselles ou à la ceinture. Sur la côte et dans les villes, les indigènes s'habillent généralement à l'européenne.

Si, d'une façon générale, le costume est assez sommaire, par contre les parures et ornements ne manquent pas ; les femmes portent des bracelets, des anneaux, des bagues ; leurs chevilles, genoux, poignets, bras sont cerclés de perles d'origine japonaise ou italienne, d'ivoire, ou, plus simplement, de cauris ; elles portent aussi de lourdes ceintures de perles à plusieurs rangs qui rappellent l'antique ceinture égyptienne.

CHAPITRE III

Histoire du Togo

I. — PRÉCIS CHRONOLOGIQUE

1627. Edit de Louis XIII, créant la Compagnie des Indes occidentales, remplacée, à la fin du xviiie siècle, par la Compagnie du Sénégal, et, plus tard, sur la côte de Guinée, par les maisons Régis et Fabre, de Marseille.

1670. Visite du Commissaire français de la marine d'Elbée au roi d'Ardres.

1671. Etablissement du fort français de Juda (Ouidah), sur l'ordre de Colbert.

1767. Le comptoir de Juda est dirigé par un administrateur nommé par le roi.

1787. Arrivée à Juda de l'administrateur Gourg. Organisation et extension du comptoir.

1851. Traité de commerce et d'amitié conclu entre le roi Ghezo et la France.

1884. Arrivée à Bagida du consul docteur Nachtigall.

1885. Convention entre la France et l'Allemagne. Répartition de la zone côtière.

1886. Délimitation par la mission du docteur Bayol.

1894-95. Mission du commandant Decœur et du lieutenant Baud dans le Nord.

1895. Mission de l'administrateur Alby.

1895. Mission Baud et Vermeersch, du nord du Dahomey à la Côte d'Ivoire.

1897. Convention franco-allemande et répartition de la zone nord.

1898-99. Délimitation par la mission Plé-Brisson-Toutée.

1909. Délimitation de la partie Togo-Dahomey par la mission Fourn.

1914. Occupation du Togo par les forces franco-britanniques. Première répartition.

1919. Convention franco-britannique pour la nouvelle répartition des territoires du Togo.

1920. Entrée en vigueur de cette deuxième répartition.

***

II. — APERÇU HISTORIQUE

La Compagnie des Indes occidentales, créée en 1626, avait établi, dans le golfe du Bénin, un comptoir à Juda (Ouida), où était pratiquée la traite des noirs. Colbert avait fait édifier, en 1671, un fort pour la protection des commerçants.

Ce n'est qu'en 1767 que le roi nomma un administrateur dans le but de diriger le comptoir et d'étendre l'influence française dans les régions avoisinantes ; ce but fut précisé lors de la nomination du sieur Gourg, lequel avait pour mission :

1º D'administrer le comptoir de Juda ;

2º De surveiller la direction du comptoir d'Amokou ;

3º De créer un comptoir, soit au « Grand ou au Petit-Popo », soit à Afflaho (ou Wlahu, localité située aux alentours de Lomé), qui était fréquentée par les commerçants français.

Cependant, ces projets n'eurent pas les conséquences voulues, et après la Révolution l'on se désintéressa en France de ces comptoirs, qui furent délaissés.

La côte continua à se peupler de nouveaux habitants venant des régions voisines (notamment d'Accra et de l'intérieur).

Petit-Popo (Anécho), devenu un centre commercial et politique, fut le siège de luttes de partis qui durent encore à l'heure actuelle.

Cependant, le Gouvernement français, sollicité depuis 1870 par des familles influentes de Petit-Popo, envoya un représentant, le lieutenant de vaisseau Dornain, qui conclut, le 16 avril 1885, un traité de protectorat entre la France et le roi Ouébo, assisté de plusieurs chefs.

Cette lutte des influences françaises et allemandes fut réglée par une convention entre la France et l'Allemagne en date du 24 décembre 1885 ; Petit-Popo et Porto-Segouro étaient cédés à l'Allemagne ; mais les commerçants français établis à Petit-Popo et Porto-Ségouro recevaient les mêmes avantages que les commerçants allemands et conservaient, en outre, « la faculté de transporter et d'échanger librement leurs marchandises entre leurs comptoirs ou leurs magasins de Porto-Ségouro ou de Petit-Popo et le territoire français limitrophe sans être astreints au paiement d'aucun droit ». La même faculté était d'ailleurs accordée, à titre de réciprocité, aux négociants allemands.

La délimitation fut effectuée en 1885 par une mission mixte à laquelle prit part, du côté français, le docteur Bayol.

Dès lors, les Allemands commencent l'organisation des pays occupés et envoient dans l'intérieur des missions de recherches, à la fois militaires et scientifiques, qui vont découvrir le Togo actuel. Celui-ci était inconnu, sauf dans la région Ouest, visitée par des Anglais, qui avaient commencé leur pénétration en Gold Coast depuis 1817.

A la suite des explorations effectuées tant au Togo par les Allemands qu'au Dahomey par les Français, fut établie la convention du 23 juin 1887 par laquelle : « ... La France cédait ses droits sur Sansanné-Mango, Gambaga, Bafilo, Kountoun et Krikri ; l'Allemagne cédait à la France ses droits sur Aledjo, Séméré, Sougouroukou, Djougou, Pama et Gourma. L'Allemagne s'engageait à ne pas faire valoir ses droits vis-à-vis de la France sur la rive droite du Niger... »

La délimitation fut effectuée, en 1898 et 1899, par la mission Plé-Brisson.

Dès lors, il n'y a plus à signaler que quelques révoltes et soulèvements dans la région des Dagombas, puis chez les Konkombas et les Cabrais, réprimés durement par la force armée.

Les expéditions et missions scientifiques se multiplient, dirigées par le docteur Grüner et par le planteur Hupfeld ; l'exploitation et le développement économique commencent et vont se poursuivre jusqu'en 1914.

Les opérations militaires effectuées au Togo, en 1914, par les troupes franco-anglaises, furent rapidement menées. Commencées le 5 août, elles se terminaient, le 26 du même mois, par la reddition sans condition des Allemands.

L'occupation se fit rapidement ; les troupes alliées avaient été accueillies sans aucune marque d'hostilité des populations ; celles-ci se rendent compte que la conquête se faisait sans aucun désordre, et que leurs intérêts étaient sauvegardés comme ils avaient pu l'être auparavant.

La première délimitation, effectuée le 30 août 1914, plaçait sous le mandat britannique l'ensemble de la région Ouest, comprenant les cercles allemands de Lomé, Misahöhe (Klouto), Kété-Kratchi

4. Une avenue de Lomé.

5. Wharf de Lomé.

et le district de Yendi, du cercle de Mango-Yendi. Un second accord fut signé le 10 juillet 1919 ; la France recevait la presque totalité du cercle de Lomé, le cercle de Klouto (moins les districts de Ho et de Kpandou), la partie Est du cercle de Kété-Kratchi ; mais, par contre, elle cédait les parties Ouest du cercle de Sokodé (région de Sansougou) et du cercle de Sansané-Mango (région des Konkombas), et partie des Tchokossis.

Chaque répartition plaçait 53.000 kilomètres carrés de terrain sous le mandat français et 35.000 kilomètres sous le mandat britannique, mais la deuxième répartition assurait à la France la possession du réseau ferroviaire et le débouché vers la mer.

CHAPITRE IV

Organisation politique et administrative

I. — SERVICES ET BUREAUX

Au lendemain de la conquête, les Gouvernements français et anglais, représentés par les Gouverneurs du Dahomey et de la Gold Coast, s'engageaient, par la convention signée à Lomé, le 30 août 1914, à administrer le pays dans les conditions prévues par la convention de La Haye. Un décret du 2 février 1915 créa au Togo un commandement territorial militaire placé sous l'autorité d'un officier supérieur, commandant les troupes françaises d'occupation et résidant à Anécho.

Ce décret fut modifié par celui du 4 septembre 1916 nommant un Commissaire de la République.

Ce dernier texte a lui-même été modifié par les décrets des 21 août 1917 et 23 mars 1921.

Le décret du 21 août 1917 plaçait le Commissaire de la République française au Togo sous la haute autorité du Gouverneur Général de l'Afrique Occidentale Française ; celui du 23 mars 1921 lui a conféré des pouvoirs indépendants de ceux de ce haut fonctionnaire. Le Commissaire à Lomé est dépositaire des pouvoirs de la République au Togo. Il a seul le droit de correspondre avec le Gouvernement et il est assimilé ainsi, au point de vue de ses attributions, aux Gouverneurs des colonies autonomes.

Le Conseil de la Société des Nations a confirmé, le 20 juillet 1922, le mandat de la France sur le Togo, et l'article 9 du mandat, sous réserve des règles formulées aux articles précédents, a consacré les pouvoirs de la Puissance Mandataire en matière d'administration et de législation.

Le territoire se trouve actuellement placé sous les ordres d'un Gouverneur des colonies, Commissaire de la République, assisté d'un Conseil d'Administration et d'un certain nombre de chefs de services et de fonctionnaires.

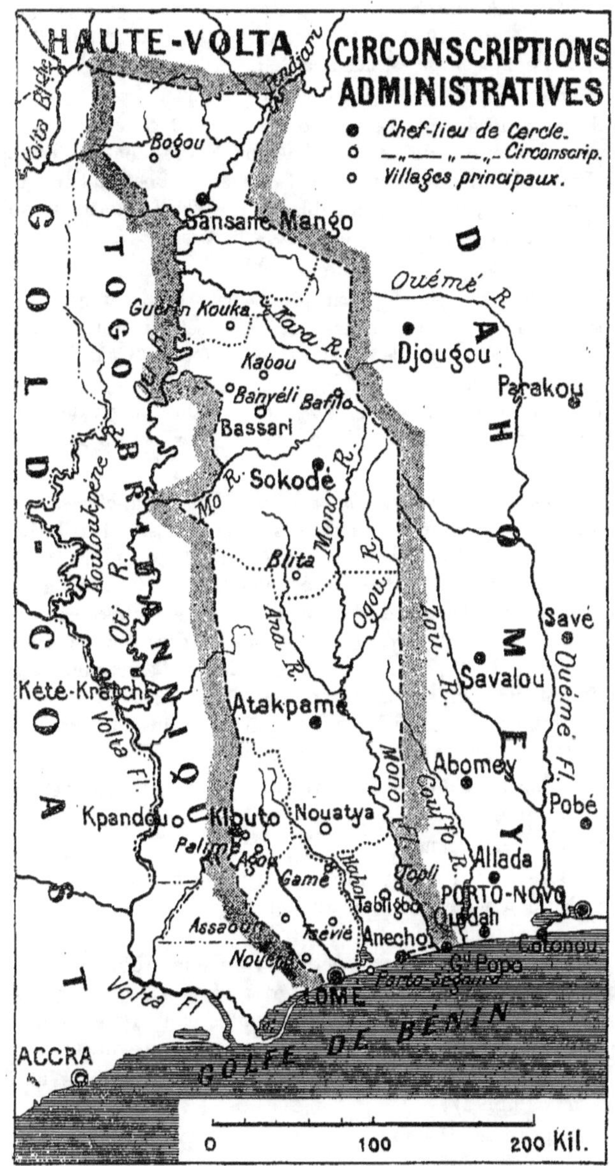

Fig. 6. — Carte des circonscriptions administratives

Conseil d'administration. — Cette assemblée, instituée par le décret du 5 août 1920, a été réorganisée par le décret du 6 mars 1923 ; sa composition est la suivante :

Président : Le Commissaire de la République.

Membres titulaires : Le Chef du Secrétariat général ; le Procureur de la République ou, à son défaut, le Président du Tribunal de Lomé ; le Chef du Service des Douanes ; le Chef du Service des Chemins de fer, des Travaux publics et du Wharf ; quatre notables, dont deux citoyens français et deux ressortissants français.

Membres suppléants : Quatre notables.

L'article 4 du décret précité du 6 mars 1923 énumère, d'une façon détaillée, les cas dans lesquels le Conseil est obligatoirement consulté (voir le texte de cet acte dans le *Journal Officiel du Togo*, 1923, page 161).

Le titre II fixe, en outre, l'organisation du Conseil de contentieux, qui constitue le premier degré de la juridiction administrative.

Bureaux et services du Commissariat de la République. — Les attributions des bureaux et services du Commissariat de la République ont été déterminées par l'arrêté du 17 novembre 1923 ; ce texte a été lui-même complété par l'arrêté du 27 du même mois, instituant un service d'Assistance médicale mobile, et l'arrêté du 11 janvier 1924, créant un Service d'Agriculture et divisant le territoire du Togo en secteurs agricoles, et l'arrêté du 16 avril 1924 instituant un service vétérinaire.

Les bureaux et services relevant directement du Commissaire de la République se répartissent comme suit :

1º Cabinet du Commissaire de la République (Personnel, Affaires Politiques et Militaires) ;

2º Secrétariat général :

a) Bureau des Affaires Administratives et Economiques ;

b) Bureau des Finances et du Matériel ;

c) Contributions directes.

A la tête du Secrétariat général se trouve un Administrateur en chef des colonies, chef du Secrétariat général ; ce fonctionnaire assure l'expédition des affaires courantes et urgentes toutes les fois que le Commissaire de la République s'absente du chef-lieu ;

3º Services des Voies de Pénétration (Chemin de fer, Wharf et Travaux Publics) ;

4º Service des Douanes ;

5° Service des Postes et Télégraphes ;
6° Service de Santé (service d'Assistance médicale mobile) ;
7° Service des Domaines et de l'Enregistrement ;
8° Service du Trésor ;
9° Service d'Agriculture ;
10° Service vétérinaire.

Les services désignés ci-dessous, bien que placés sous la haute autorité du Commissaire de la République, relèvent, au point de vue de leur fonctionnement, de leurs chefs respectifs :

Service judiciaire (justice européenne), Procureur général (Dakar).

Service du Trésor, Ministre des finances.

II. — RENSEIGNEMENTS DIVERS

1° *Finances.* — Le budget local du territoire a été créé le 1er janvier 1920 ; antérieurement à cette date et depuis 1914, les recettes et les dépenses de ce territoire figuraient au budget colonial de la France à un chapitre spécial.

Par la suite, le décret du 23 mars 1921, qui a conféré l'autonomie administrative et financière au Togo, a spécifié, dans son article 4, qu'il posséderait un budget propre, alimenté par les recettes de toute nature effectuées sur le territoire et qui pourvoirait à toutes les dépenses, sauf celles de l'occupation militaire et, enfin, que ce budget serait approuvé, ainsi que ses annexes, par le Ministre des colonies.

Le Chef du Secrétariat général est délégué comme ordonnateur du budget local, et le Directeur du Service des Voies de pénétration et du wharf, comme ordonnateur du budget annexe.

Les principales ressources du budget local proviennent de l'impôt personnel sur les Européens et sur les indigènes, de l'impôt des Patentes et Licences, des droits perçus sur les marchandises à l'entrée et à la sortie, des recettes des P. T. T., etc.

Ces revenus sont destinés à faire face aux dépenses d'Administration Générale et des œuvres d'intérêt social et économique.

Comparaison des budgets du Territoire du Togo
de 1914 à 1924

BUDGET allemand 1914	BUDGET de 1922	BUDGET de 1923	BUDGET de 1924
1.373.000 marks	3.629.000 fr.	5.860.000 fr.	8.206.000 fr.

Résultats des exercices de 1921 à 1923

ANNÉES	RECETTES	DÉPENSES	EXCÉDENTS
1921	4.333.385 21	2.929.898 09	1.408.437 12
1922	4.301.047 73	3.459.255 76	841.791 97
1923 (1)	»	»	8.000.000 » (environ)

(1) Cet exercice n'est pas encore clos.

Les excédents sont versés dans une Caisse de réserve destinée à parer à des déficits ou des dépenses résultant d'événements imprévus, ou à permettre d'effectuer de grands travaux d'utilité publique sans avoir recours à l'emprunt.

A la date du 31 décembre 1923, la situation de cette Caisse se présentait ainsi :

1° Fonds disponibles...............	1.028.747 53
2° Fonds immobilisés.............	1.698.941 »
	2.727.688 53

2° *Trésor.* — La paierie de Lomé, instituée par un arrêté du Gouverneur Général en date du 7 août 1920, fut ouverte à compter du 29 novembre 1920, par un arrêté du Commissaire de la République. Cette paierie relevait, au, point de vue de ses opérations, du Trésorir -Payeur du Dahomey.

Un décret du 13 septembre 1923 a organisé une Trésorerie autonome du Togo, qui fonctionne depuis le 1er janvier 1924.

3° *Justice.* — a) *Justice européenne.* — La justice est administrée, à l'égard des Européens, par un Tribunal de première instance, siégeant à Lomé, dont la compétence s'étend sur l'ensemble des territoires soumis au mandat de la France. Son institution remonte au décret du 8 août 1920, promulgué au Togo la même année.

Ce tribunal est organisé d'après les mêmes règles que les juridictions similaires du Gouvernement général de l'Afrique Occidentale Française. Il est composé de trois magistrats, savoir : un juge-président, un procureur de la République, un juge-suppléant, chargé de l'instruction, et un greffier.

Cette juridiction se rattache au ressort de la Cour d'appel de l'A. O. F., qui a son siège à Dakar (Sénégal). Elle applique les règles de procédure et de compétence en vigueur dans ce ressort judiciaire, c'est-à-dire celles qui dérivent du décret du 10 novembre

1903 et de divers autres textes modificatifs concernant l'organisation de la justice en A. O. F.

En matière civile et commerciale, le Tribunal de première instance de Lomé connaît, en dernier ressort, des litiges jusqu'à la valeur de 1.500 francs, et a charge d'appel de tous les autres.

En matière répressive, il juge, comme Tribunal de simple police, les contraventions, et comme Tribunal de police correctionnelle, les délits ; les jugements correctionnels sont toujours susceptibles d'appel.

Outre ces attributions normales, le Tribunal de première instance connaît aussi de l'appel des décisions rendues par les Conseils d'arbitrage de travail indigène, lorsque le montant de la demande excède 500 francs (décret du 29 décembre 1922).

Une Cour d'assises, jugeant en matière criminelle, siège à Lomé. Elle est composée d'un Conseiller à la Cour d'appel de Dakar, président, d'un juge au Tribunal de première instance et d'un fonctionnaire désigné annuellement par le Commissaire de la République. Les fonctions de ministère public sont exercées par le Procureur général, chef du Service judiciaire, qui peut déléguer soit un membre de son parquet général, soit le Procureur de la République de Lomé. Les fonctions de greffier sont tenues par le greffier du lieu. Deux assesseurs, tirés au sort sur une liste de douze notables, arrêtée chaque année par le Commissaire de la République, complètent la Cour d'assises et y jouent le rôle dévolu dans la métropole au jury criminel.

La Cour d'assises, tout comme le Tribunal de première instance, ne juge que les affaires où des intérêts européens sont en jeu.

Le greffier du Tribunal de Lomé est chargé des fonctions de notaire et de celles de commissaire-priseur. Le ministère d'huissier est exercé, à Lomé, par le Commissaire de police et, dans les autres lieux, par un agent de l'Administration.

Un corps d'avocats-défenseurs (dont le nombre est fixé à trois) représente les plaideurs devant les tribunaux européens.

b) *Justice indigène.* — La justice indigène, telle qu'elle est organisée par le décret du 22 novembre 1922, a commencé à fonctionner le 1er avril 1923. Placée sous le contrôle du Procureur de la République, elle comprend, au sommet de la hiérarchie, le Tribunal d'appel et d'homologation, chargé de statuer tantôt comme juridiction d'appel, tantôt comme Chambre d'homologation, tantôt comme Cour de cassation. Ce tribunal est composé du juge-président du Tribunal de première instance, président ; de deux fonctionnaires européens et de deux notables indigènes désignés annuellement par arrêté du Commissaire de la République ; les fonctions de ministère public sont exercées par le Procureur de la République, et celles de secrétaire par le greffier du tribunal.

Six tribunaux de cercle siègent au chef-lieu de chaque circonscription et jugent les affaires civiles et commerciales d'une certaine importance, avec faculté d'appel au-dessus de 3.000 francs devant le Tribunal d'appel ; ils jugent aussi certains délits spéciaux et les crimes, avec faculté d'appel au-dessus de six mois d'emprisonnement et homologation obligatoire au-dessus de trois années d'emprisonnement, et les appels des décisions des tribunaux de subdivision. Ils sont présidés par le Commandant de cercle, qu'assistent deux notables indigènes et un secrétaire.

Huit tribunaux de subdivision connaissent des affaires civiles et commerciales de minime importance, des délits non réservés et des contraventions de police. Ils sont présidés par l'adjoint au Commandant de cercle ou par le Chef de subdivision, qu'assistent deux notables indigènes et un secrétaire.

4º *Armée. Garde indigène. Police.* — Conformément aux stipulations de l'article 8 du mandat, il n'existe, dans la partie du Togo placée sous le mandat de la France, ni fortification temporaire ou permanente, ni base militaire ou navale.

Les troupes régulières sont représentées par la 7e compagnie du 3e régiment de tirailleurs sénégalais de Ouidah (Dahomey). L'effectif de cette unité comprend : 8 officiers, 6 européens et 185 indigènes.

Indépendamment de ces troupes régulières, dont la mission est d'assurer éventuellement la défense du Togo, il existe une garde indigène, sorte de gendarmerie, dont les attributions sont les suivantes : maintien de la sécurité publique, exécution des mesures d'ordre et des actes administratifs, escorte et garde des convois, garde des bâtiments, police des voies de communication et garde des prisonniers. Son effectif comprend 270 indigènes. A Lomé, se trouvent, en outre, un commissaire et un inspecteur de police européenne.

5º *Enseignement.* — L'enseignement officiel a été organisé par arrêté du 4 septembre 1922. Il comprend trois degrés et il est donné :

1º Dans les écoles de village ;

2º Dans les centres scolaires ou écoles régionales ;

3º Dans les cours d'adultes ;

4º Dans les cours complémentaires ;

5º Dans les écoles professionnelles ;

6º Dans les cours techniques et pratiques faits aux ateliers du Chemin de fer, des Travaux publics et du Wharf, dans les hôpitaux, dans les stations d'agriculture.

Il est entièrement gratuit pour tous les indigènes.

L'enseignement privé a été réglementé par l'arrêté du 27 septembre 1922, dont voici les principales dispositions :

1º Nul ne peut créer ou entretenir une école privée s'il n'y est autorisé spécialement par le Commissaire de la République ;

2º Le programme des écoles de village, des écoles régionales, du cours complémentaire y est obligatoire ;

3º Les écoles privées sont soumises à la visite du médecin de l'hygiène et des délégués du Commissaire de la République ;

4º Les maîtres européens qui y enseignent doivent posséder le brevet élémentaire, ou un diplôme équivalent s'ils sont étrangers ;

5º L'enseignement doit y être donné exclusivement en français.

L'enseignement élémentaire est essentiellement pratique, il porte plus particulièrement sur l'étude de la langue française, sur l'hygiène et les travaux agricoles. Il importe, en effet, de réformer la mentalité singulière de l'indigène du golfe de Guinée, chez qui l'instruction crée le mépris de tout travail manuel. C'est dans cet esprit qu'une place prépondérante a été réservée dans les programmes à l'enseignement agricole et professionnel.

Une école d'agriculture a été créée à la station d'essais de Tove (cercle de Klouto), dans une des régions les plus riches du Togo. Son but est la formation de moniteurs agricoles, auxiliaires des agents de culture européens.

Il existe, en outre, trois écoles professionnelles : l'école d'apprentissage du chemin de fer ; l'école de Sokodé, divisée en plusieurs sections : forgerons, charpentiers, maçons, et l'école de la Mission catholique, installée à Lomé et subventionnée par l'Administration.

L'ensemble des crédits prévus au budget de 1924 pour le Service de l'enseignement s'élève à 508.939 francs, somme qui atteste éloquemment l'effort réalisé pour la diffusion de l'instruction publique.

6º *Service des Voies de pénétration, du Wharf et des Travaux publics.* — Ce Service est placé sous la direction d'un chef d'escadron d'artillerie. Les chemins de fer et le wharf font l'objet d'un budget annexe qui s'est élevé, en 1924, à 8.429.400 francs en recettes et en dépenses.

Les dépenses prévues pendant le même exercice au budget local, pour l'exécution des travaux publics (routes, ponts, entretien et construction de bâtiments), dépassent 1.500.000 francs.

III. — DIVISIONS ADMINISTRATIVES

Le Territoire du Togo sous Mandat français a été divisé en six subdivisions administratives, portant le nom de cercles. Chaque cercle a à sa tête un Administrateur, assisté d'un fonctionnaire adjoint et d'un commis des services civils remplissant les fonctions d'agent comptable. Les cercles d'une certaine étendue comportent une subdivision commandée par un fonctionnaire européen sous les ordres de l'Administrateur.

Sous les ordres de chaque Commandant de cercle, est également placé un personnel indigène composé d'écrivains expéditionnaires, d'instituteurs et de moniteurs de l'enseignement, d'agents d'agriculture, d'agents de travaux publics, etc., et enfin une section de gardes de cercle, dont l'effectif varie suivant l'importance et les besoins de la circonscription.

1º *Cercle de Lomé.* — Le cercle de Lomé comprend, en plus du personnel européen normal dans un cercle, un agent-voyer chargé également des fonctions d'agent sanitaire.

La population s'élève à 127.000 habitants environ.

Lomé, le chef-lieu du cercle, chef-lieu également du territoire, est le siège du Gouvernement, de tous les services généraux, du tribunal européen et d'un évêché catholique.

La population, actuellement en cours de recensement, comprend environ 6.444 habitants, se répartissant ainsi :

Européens	160
Syriens	9
Indigènes	6.275

La ville est de formation récente ; les premières cartes allemandes ne font figurer qu'une petite agglomération dans la région de Bé ; dès la construction du wharf et l'établissement des trois voies ferrées qui en partent en éventail, elle se développa rapidement. Les Allemands achetèrent ou louèrent presque tous les terrains longeant la mer et des maisons européennes s'édifièrent peu

6. Palimé. Panorama. La gare. (Au fond la montagne d'Agou).

7. Palimé. Le marché.

à peu dans ce quartier, notamment dans la rue appelée aujourd'hui rue du Commerce.

On compte actuellement dix-huit maisons de commerce, dont sept françaises, dix anglaises et une hollandaise ; dix compagnies de navigation françaises ou étrangères y sont représentées par des consignataires. Les opérations financières sont assurées par deux banques françaises. Le petit commerce de détail, à l'usage du consommateur indigène, est représenté par de nombreuses boutiques tenues soit par des Syriens, soit par des indigènes, pour leur propre compte ou pour celui des maisons européennes.

La Mission catholique a fait construire de nombreux et spacieux bâtiments d'aspect imposant : l'église, dont les deux tours constituent le premier point visible en mer ; l'évêché, les diverses écoles, et enfin l'école professionnelle, véritable usine où règne une grande activité.

La Mission protestante (évangélique) a édifié un temple de construction plus récente et quelques écoles.

Tsévié, situé à 34 kilomètres de Lomé, sur la voie ferrée allant à Atakpamé, est le centre géographique et commercial du cercle ; plusieurs routes commerciales y convergent. Des marchés très animés y ont lieu plusieurs fois par semaine et sont fréquentés par plus de 1.500 indigènes.

Parmi les autres agglomérations du cercle, on peut citer Gamé, Noépé et Assahoun, sièges de marchés importants, où des maisons européennes ont ouvert des factoreries.

2º *Le cercle d'Anécho* est habité par une douzaine d'Européens ou assimilés et 96.000 indigènes.

Le Commandant du cercle et les fonctionnaires résident à deux kilomètres d'Anécho, dans l'intérieur, à Zébé, chef-lieu du Togo allemand jusqu'en 1897. Le centre véritable du cercle est à Anécho, ville de 3.000 habitants environ, qui a lutté longtemps avec Lomé pour conserver la place prépondérante au Togo. Cependant, Anécho pourrait reprendre de son ancienne importance, grâce à la richesse de son arrière-pays et à l'établissement éventuel d'un chemin de fer de l' « huile » qui drainerait les produits des régions voisines du Mono, qui sont parmi les plus fécondes du Togo et dont les palmeraies, en particulier, sont pratiquement inépuisables.

Parmi les autres agglomérations du cercle, on peut citer : Porto-Séguro, ancien port très florissant autrefois, au temps du commerce des esclaves ; Tokpli, centre commercial de la riche contrée du Mono ; Tabligbo, centre géographique, chef-lieu d'une ancienne subdivision.

3° *Le cercle de Klouto* est constitué par les restes du cercle de Misahöhe, dont la partie ouest, avec les centres de Ho et de Kpandou, a été placée sous mandat britannique. La résidence et les bureaux de l'Administration se trouvent à Misahöhe, sur la montagne de Klouto, à 9 kilomètres de Palimé.

Palimé, situé à 119 kilomètres de Lomé, est le terminus de la voie ferrée. Son développement commercial a été très rapide autrefois ; c'était le débouché de toutes les marchandises venant de Kété-Kratschi et des régions de Bouem et de Kpandou ; la barrière douanière déterminée par la convention du 10 juillet 1919 a diminué, de façon sensible, l'importance de ce trafic.

Cependant, Palimé est encore le siège d'un marché important de cacao, venu de la zone anglaise, et douze firmes françaises et anglaises y ont établi des factoreries.

Les bâtiments les plus remarquables à signaler sont : l'église de la Mission catholique, l'hôpital européen et l'hôpital indigène, construit en 1923 ; quelques bâtiments, servant de bureaux et d'habitations, ont été construits pour les Européens.

Le cercle de Klouto est habité par une quinzaine d'Européens et 87.000 indigènes.

C'est dans ce cercle que se trouvent, à « Agou » et à « Togo », d'importantes plantations créées par des maisons allemandes et placées actuellement sous séquestre judiciaire.

4° *Le cercle d'Atakpamé* est situé à peu près dans les mêmes limites que l'ancien cercle allemand ; il est habité par 18 Européens et par 71.000 indigènes.

Atakpamé, située à 167 kilomètres de Lomé, terminus de la voie ferrée et résidence du Commandant de cercle, compte environ 2.000 habitants. Elle est le siège de marchés très suivis.

A 70 kilomètres au sud d'Atakpamé, sur la ligne de Lomé, Nuatja, centre commercial très important, est le chef-lieu d'une subdivision. C'est là que les Allemands avaient fondé une station agricole, maintenue et développée par l'autorité française, qui a placé à la tête de l'entreprise un agent d'agriculture européen.

5° *Cercle de Sokodé.* — Ce cercle, de beaucoup le plus peuplé, est habité par 8 Européens et 293.000 indigènes environ.

L'organisation administrative indigène y est beaucoup plus perfectionnée que dans les cercles du Sud. Le roi des Cotokolis jouit d'une autorité incontestée sur ses sujets, qu'il commande par l'intermédiaire de ses chefs de canton ; il constitue, à ce titre, un appui précieux pour le Commandant de cercle.

Bassari, ville de 9.000 âmes environ, est le chef-lieu d'une subdivision.

Banjeli, agglomération de 3.000 habitants environ, est le centre d'une région riche en minerais de fer qui font actuellement l'objet d'une importante exploitation, d'ailleurs réservée aux soins locaux des indigènes. Ceux-ci emploient des moyens rudimentaires d'extraction.

6° *Le cercle de Sansanné-Mango* compte 8 Européens et 135.000 indigènes.

Le Capitaine d'infanterie coloniale, commandant le cercle, réside à Sansanné-Mango, ancienne capitale du royaume de Borgou ; il a sous ses ordres une compagnie de tirailleurs sénégalais.

La civilisation est encore peu avancée dans ce cercle et l'on retrouve dans ces populations (Cabrais, Mossis, etc.) la même manière de vivre qu'il y a un siècle ; leurs occupations et habitudes sont restées intactes, ainsi que leur industrie et leur art.

DEUXIÈME PARTIE

CHAPITRE V

Moyens de transport et voies de communication

I. — LIGNES DE NAVIGATION. PRIX DES PASSAGES ET DES FRETS

A) *Voyageurs.* — La Côte occidentale d'Afrique est desservie :

1º Par les courriers de la *Compagnie des Chargeurs Réunis*, qui partent de Bordeaux tous les vingt jours et font escale obligatoirement à Dakar, Conakry, Tabou, Grand-Bassam, Lomé. La durée de la traversée est de seize jours pour Lomé ;

2º Par les paquebots de la *Compagnie Fabre et Fraissinet*, dont les départs ont lieu de Marseille tous les vingt-cinq jours, avec escale à Las Palmas, Dakar, Bathurst, Conakry, Sierra-Leone, Tabou, Grand-Bassam, Côte d'Or, et qui mettent vingt jours pour atteindre Lomé.

Les voyageurs peuvent également emprunter la voie Liverpool-Accra ou Liverpool-Lagos, desservie par les courriers anglais de la *Compagnie Elder Dempster*, dont les départs ont lieu tous les quatorze jours. Lomé est relié à Accra par une route, avec passage de la Volta sur petit vapeur. Deux caboteurs font, d'autre part, chaque semaine, le service des petites escales entre Lagos et Secondee, par Cotonou, Lomé et Accra.

La plupart des cargos français qui touchent Lomé prennent des passagers intercoloniaux, suivant un tarif basé sur celui des *Chargeurs-Réunis*, en 1re classe diminué de 40%.

COMPAGNIES FRANÇAISES

1º *Compagnie des Chargeurs-Réunis*, 3, boulevard Malesherbes, Paris. — Agences à Dunkerque, place Alfred Petyt ; au Havre,

99, boulevard de Strasbourg ; à Bordeaux, 1, allée des Chartres ; à Marseille, 22, rue Grigala. Consignataire à Lomé, l'agent de la Société Commerciale de l'Ouest-Africain. Le service est assuré par trois paquebots : l'*Asie*, l'*Europe* et le *Tchad*, comportant chacun des 1re, 2e et 3e classes, ainsi que des cabines de luxe et de demi-luxe.

Le tarif des passagers entre Bordeaux et Lomé ont été fixés, en mars 1924, à :

1re classe..........................	3.500 francs
2e classe..........................	2.800 —
3e classe..........................	1.540 —
Entrepont..........................	770 —

Des cabines de luxe et de demi-luxe sur l'*Asie*, de luxe sur l'*Europe*, et des cabines de 1re classe (et de 2e classe sur l'*Asie*), à une ou deux couchettes, peuvent être retenues en payant des suppléments, variables selon le paquebot.

Les enfants payent quart de place de 1 à 4 ans, demi-place de 4 à 12 ans, et place entière au-dessus de 12 ans. Au-dessous de 1 an, un seul enfant est transporté gratuitement, les autres payent quart de place.

Franchise de bagages : 1re et 2e classe, 200 kilogrammes, ne dépassant pas 50 décimètres cubes ; 3e classe, 100 kilogrammes, ne dépassant pas 300 décimètres cubes.

Excédent de bagages : 50 francs par 100 kilogrammes ou par 100 décimètres cubes, au choix de la Compagnie.

Bicyclettes, motocyclettes non démontées et emballées : jusqu'à 500 décimètres cubes, 80 francs ; de 500 à 750 décimètres cubes, 120 francs.

Chiens : 200 francs. Autres animaux : prix divers.

Chaises de pont : peuvent être louées à bord au prix de 25 francs.

Le tableau ci-dessous donne les distances de port à port (en milles de 1.825 mètres) :

(Voir le tableau page 39)

BORDEAUX	DAKAR	CONAKRY	MONROVIA	TABOU	BASSAM	LOMÉ
	2.230	2.666	2.951	3.189	3.416	3.738
	Dakar	436	689	932	1.159	1.475
		Conakry	295	584	761	1.063
			Monrovia	255	482	802
				Tabou	227	551
					Bassam	324
						Lomé

2º *Compagnie Fabre-Fraissinet*, 5 et 15, rue Bauvais, Marseille. — Agence à Paris, 2, rue Edouard-VII. Agence générale à Cotonou.

Le service est assuré par trois paquebots : *Hoggar*, *Foria* et *Touareg*.

Les tarifs des passages entre Marseille et Lomé sont les suivants :

1re classe......................	2.850 francs
2e classe......................	2.250 —
3e classe......................	1.240 —
Entrepont......................	700 —

Suppléments pour *Hoggar* et *Touareg* : Cabines de luxe : 75 %, exclusivité pour une personne; 30 % pour deux personnes; — cabines de grand luxe : 150 %, exclusivité pour une personne ; 100 % pour deux personnes.

Franchise de bagages : 1re et 2e classe, 250 kilogrammes, ne dépassant pas 750 décimètres cubes ; 3e classe, 100 kilogrammes, ne dépassant pas 300 décimètres cubes ; entrepont et pont, 30 kilogrammes, ne dépassant pas 100 décimètres cubes, au choix de la Compagnie.

Excédent de bagages : 50 francs par 100 kilogrammes ou par décimètres cubes, au choix de la Compagnie.

Bicyclettes, motocyclettes, non démontées et emballées : jusqu'à 500 décimètres cubes, 75 francs ; de 500 à 750 décimètres cubes, 125 francs.

Chiens : gros chiens, 6% du prix de 1re classe ; petits chiens, 3% seulement.

B) *Marchandises*. — Les relations par cargos entre Lomé et l'Europe sont assurées par neuf Compagnies de navigation, dont quatre françaises et cinq étrangères.

Les Compagnies françaises sont : la *Compagnie des Chargeurs-*

Réunis, la *Société Navale de l'Ouest*, la *Compagnie de Navigation Française Venture-Weir*, la *Compagnie de Navigation Fabre et Fraissinet*.

Le prix du fret est excessivement variable, suivant les époques, les disponibilités des cargos, et suivant le cours du change, il nécessite de fréquentes révisions des tarifs, évalués en francs.

COMPAGNIES FRANÇAISES

1º *Chargeurs-Réunis*. — Cette Compagnie assure un service régulier de vapeurs de charge partant tous les vingt-huit jours de Hambourg, mouillant à Anvers, Dunkerque, Le Havre, Bordeaux, Ténériffe et à tous les ports de la côte d'Afrique.

Voici le tarif des frets (fin 1923) pour les voyages d'aller depuis Dunkerque, Le Havre et Bordeaux, bord, jusqu'à destination sous palan, payables d'avance (sauf modifications), l'embarquement, le débarquement et le gabarage étant à la charge de la marchandise.

1º MARCHANDISES LICITES NON DANGEREUSES	Par tonneau de 1 mètre cube ou 100 kilos (sans indications contraires) au choix du navire.
	Lomé
Minimum de fret	40 francs

1re catégorie

Aciers et fers plats ou en barres. Bois brut et travaillé pour menuiserie et charpentes. Boulons. Carreaux. Clouterie. Ecrous. Feutre pour toitures. Fonte en gueuses. Marmites en fonte. Matériel fixe de chemin de fer à voie étroite (genre Decauville). Matériel fixe de voie de chemin de fer et outils de terrassement. Papier d'impression. Poterie. Tabac brut en feuilles. Rondelles. Savon. Tôle ondulée. Tuyaux fer, fonte. Vins en fûts (aux 1.000 kg.). Vins en caisses. Visserie...... 135 francs

2e catégorie

Armes. Articles de ménage. Automobiles (jusqu'à 2.000 kg.). Beurre. Bière. Biscuits de guerre et similaires. Batteries de cuisine. Bougies. Conserves. Cordages. Désinfectants. Eaux-de-vie. Eaux miné-

<table>
<tr><td>1º MARCHANDISES LICITES
NON DANGEREUSES
—</td><td>Par tonneau de 1 mètre cube ou 100 kilos (sans indications contraires) au choix du navire.
—
Lomé
—</td></tr>
</table>

rales. Epicerie. Farines. Feutres. Fromages. Goudron. Graisse alimentaire. Huiles comestibles. Huiles à graisser (aux 1.000 kilos). Huiles pour peinture. Lampisterie. Légumes secs. Légumes frais. Liqueurs. Machines. Matchettes. Matériel roulant de chemin de fer. Meubles. Outils. Peintùre. Pipes en terre. Quincaillerie. Rhum. Rouleaux d'imprimerie. Spiritueux. Sucre. Tabacs manufacturés. Verrerie.......... **155 francs**

3ᵉ *catégorie*

Allumettes. Bâches. Bicyclettes. Chapelets. Cigares. Cigarettes. Fil de coton. Filets et articles de pêche. Instruments de musique. Jouets. Lainages. Machines à coudre. Métaux. Miroirs. Parfumerie. Produits chimiques et pharmaceutiques (non dangereux). Tissus coton. Toiles à voiles et goudronnées. Toutes autres marchandises licites, non dangereuses. non dénommées au présent tarif................. **180 francs**

2º MARCHANDISES HORS CATÉGORIE

a) Marchandises communes :

Charbon en roches et agglomérés. Coke. Sel (aux 1.000 kg.)................... **110 francs**

Briques. Chaux. Ciments. Engrais. Plaques fibro-ciment. Plâtre. Riz. Tuiles (aux 1.000 kg.). Douves. Fûts vides et démontés. Papier d'emballage. Sacs vides...... **120 francs**

b) Marchandises dangereuses :

1º Dynamite. Poudre de traite. Détonateurs et mèches. Munitions de sûreté... **355 francs**

2º Acides. Carbures de calcium et tous produits chimiques ou pharmaceutiques dangereux dont le chargement ne sera opéré qu'après accord préalable avec la Compagnie .... **355 francs**

3º Pétrole. Essence................. **310 francs**

2º MARCHANDISES HORS CATÉGORIE	Par tonneau de 1 mètre cube ou 100 kilos (sans indications contraires) au choix du navire.

Minimum de perception pour les marchandises dangereuses................ 55 francs

Espèces. Matières précieuses et marchandises allant à la valeur pour toutes destinations .... 1.50 % Lomé

3º ANIMAUX VIVANTS

Chevaux..........................
Anes .... 800 francs
Mulets............................ par tête

Petits animaux : moutons, porcs, volaille en cages ou en caisses à claire-voie (le mètre cube) .... 150 francs

(Ces prix s'entendent nourriture non comprise, le bord ne fournissant que l'eau d'abreuvoir. — La construction des parcs ou boxes est aux frais de l'expéditeur).

4º COLIS LOURDS

Colis de :

1.501 à 3.000 kg.	180 francs
3.001 à 5.000 —	190 —
3.001 à 8.000 —	210 —
8.001 à 10.000 —	235 —
Au-dessus de 10.000 kg.............	à débattre

5º EMBARCATIONS

(Colis jusqu'à 15.000 kg.)
Au-dessus de ce poids, fret à débattre

Chalands montés ou en tranches. Chaloupes, canots, surfboats, etc. :

a) Avec appareil moteur (1)		660 francs par 1.000 kg.	
b) Sans appareil moteur et d'un volume égalant	5 fois le poids	130 fr. par mètre cube	
—	6 —	110	—
—	7 —	100	—
—	8 —	80	—
—	9 —	70	—
—	10 —	65	—

(Les volumes intermédiaires sont taxés sur la base immédiatement supérieure.)

(1) Nota. — Les embarcations à moteur d'un poids inférieur à 1.000 kilogrammes acquitteront le fret prévu pour 1 tonne poids, c'est-à-dire 660 francs minimum pour toutes destinations.

L'importation jusqu'à un port français des produits coloniaux est fixée comme suit :

Palmistes..............	100 francs la tonne
Cacao.................	140 —
Coprah...............	175 —
Huile de palme........	150 —
Coton................	70 francs la tonne-cube

Ces tarifs ont été augmentés récemment de 20%.

2° *Société navale de l'Ouest.* — Cette Compagnie assure un service régulier avec six cargos : le *Saint-Octave*, le *Saint-Prosper*, le *Saint-Louis*, le *Saint-Firmin*, le *Saint-Michel* et le *Saint-Cornille*. Il y a un départ de France au début de chaque mois, en général le 5.

Les tarifs à l'exportation vers le Togo étaient, au début de 1923, de : 110 francs pour les marchandises classées par le tarif de la Compagnie des Chargeurs-Réunis dans la 1re catégorie ; de 140 fr. pour la 2e catégorie. Les briques, chaux, ciment payent 120 francs. Pour les marchandises dangereuses le tarif est doublé : 200 francs pour les poudres, pétroles et essences.

Les tarifs d'importation en France des produits coloniaux sont les mêmes que ceux des Chargeurs-Réunis. Les produits à destination d'Anvers et de Hambourg payent :

Palmistes................	25 shillings la tonne
Huile de palme...........	35 —
Cacao...................	33 —
Coprah..................	40 —

Majorés récemment de 20 °/o.

3° *Compagnie Africaine de Navigation Venture Weir.* — Cette Compagnie dessert la Côte occidentale d'Afrique avec cinq cargos : le *Port-de-Marseille*, le *Port-de-Brest*, le *Port-de-Dunkerque*, l'*Alsace III* et le *Capitaine-Maurice-Eugène*. Les départs sont réguliers, ils s'effectuent chaque mois : le 15, d'Anvers ; le 20, du Havre, et le 31, de Bordeaux. Par contre, l'itinéraire est très variable, ces vapeurs ne s'arrêtant que dans les ports où ils sont assurés d'un fret important.

Les tarifs sont à peu près les mêmes que ceux de la Société navale de l'Ouest.

4° *Compagnie Fabre et Fraissinet*. — Indépendamment des trois paquebots rapides cités plus haut, cette Compagnie effectue, par quatre vapeurs de charge (*Niger, Olbia, Kouroussa, Ouémé*), un voyage tous les vingt-trois ou vingt-cinq jours avec départ de Marseille.

COMPAGNIES ÉTRANGÈRES

1° Le Groupement *Elder Dempster and C*ie (anglais), (*The British and African Steam navigation C*o et *African Steam Ship C*o). — Il part un cargo par mois de Liverpool, un de Londres, un de Hambourg et un de New-York. Ils touchent tous Lomé, à l'aller et au retour, sauf celui qui vient de New-York, lequel n'y fait escale qu'à l'aller.

Les tarifs à l'importation au Togo varient entre 29 et 60 shillings ; toutefois, le pétrole paye 90 shillings et l'essence 100, les acides et carbures 112/6.

A l'exportation, ils sont ainsi fixés :

Palmistes	25 shillings
Huile de palme	30 —
Cacao	35 —
Coprah	45 —
Coton	40 shillings la tonne, 1.000^{m3}

2° *Holland West Africa Lijn* (hollandaise). — Cette Société est un consortium formé par quatre grandes compagnies de navigation hollandaise ; elle possède 120 bateaux et en détache, sur la côte d'Afrique, un nombre variable suivant la saison et l'abondance du fret. Elle assure quatre services réguliers sur la côte d'Afrique, un seul, le *Cameroun-Service*, touche Lomé à l'aller ; au retour, Lomé est desservi par le *Cameroun-Service*, le *Lagos-Service* et le *Gold-Coast-Service*.

Les tarifs sont les mêmes que ceux de la Compagnie Elder Dempster.

Citons encore : la *Compagnie Bull West African Line* (anglaise) ; la *Société Ligure d'armements de Gênes* (italienne) et la *Société de Navigation Roma* (italienne), dont les cargos touchent régulièrement Lomé.

II. — WHARF

Le wharf de Lomé fut construit en 1903 et ouvert au trafic le 27 janvier 1904. Mais étant donnée sa construction spéciale (poutres maîtresses pleines portées par des pylones en béton armé s'appuyant sur trois pieux inclinés à 30°, et direction générale oblique à la lame), il fut emporté, le 17 mai 1911, sur une longueur de 180 mètres. Reconstruit et reconsolidé, il fut de nouveau ouvert à la circulation le 1er novembre 1912. Long de 350 mètres, il est dirigé perpendiculairement à la côte ; deux voies ferrées, courant tout le long, mènent au débarcadère, équipé de trois grues (une de 6 tonnes et deux de 3 tonnes). Les boats sont au nombre de quinze, dont un de 10 tonnes, les autres pouvant porter 2 à 3 tonnes. Une chaloupe à vapeur de 30 chevaux, destinée à remorquer les boats, est en construction. L'équipement actuel du wharf permet de débarquer ou d'embarquer jusqu'à 350 tonnes par jour.

Les heures normales de travail vont de 6 heures 30 à 12 heures et de 14 heures à 17 heures. Mais le trafic peut aussi s'effectuer en heures supplémentaires, tous les jours, de 12 heures à 14 heures et de 17 heures à 18 heures 30 ; les dimanches, toute la journée ; les jours fériés, de 6 heures 30 à 12 heures ; et exceptionnellement, pour les courriers, sur autorisation du Commissaire de la République et si l'état de la mer le permet, jusqu'à 22 heures.

L'alimentation en eau des navires peut se faire, si ceux-ci possèdent les réservoirs nécessaires à l'opération.

La position du wharf est signalée de nuit par un feu fixe rouge, situé à l'extrémité du débarcadère, à $16^m,05$ au-dessus du zéro, éclairant tout l'horizon et visible, par temps moyen, à 7 milles.

La profondeur, à l'extrémité du wharf, est de 8 mètres, la hauteur de marée étant de $1^m,50$.

Resté longtemps sans entretien pendant la guerre et les premières années suivantes, il a besoin d'être reconsolidé. Un projet est à l'étude, comprenant la reconstruction de la racine sur pieux à vis et le renforcement du débarcadère. L'exécution en est prévue pour 1925.

Tarifs

1° *Passagers*

a) Pour un voyage aller et retour.......	Européens... 10 fr. »	Indigènes.... 6 fr. »
b) Abonnement de trois mois	Européens... 60 fr. »	Indigènes.... 40 fr. »

b) Abonnement de un an............. (Européens... 180 fr. »
                                      (Indigènes.... 120 fr. »

c) Tickets d'accès au wharf.......... (Européens...   0 fr. 50
                                       (Indigènes....   0 fr. 50

d) Abonnement pour l'accès au wharf, de six mois :
     Européens et Indigènes......................... 10 fr. »

2° *Bagages*

Par colis de moins de 30 kg. ....   1 fr. »
Par 100 kg. ou fraction indivisible de 100 kg...........   3 fr. 50

3° *Animaux domestiques (par tête)*

1ʳᵉ catégorie... 20 fr. »
2ᵉ catégorie.. 10 fr. »
3ᵉ catégorie...   5 fr. »
4ᵉ catégorie..   2 fr. 50
5ᵉ catégorie : chien, chat, lapin, etc...................   1 fr. 25
6ᵉ catégorie..   0 fr. 25

4° *Animaux sauvages*

Par tête, suivant le poids, de 0 à 100 kg............... 3 à 15 fr.
Au-dessus de 100 kg., par fraction indivisible de 25 kg.
    en sus ....   5 fr. »

5° *Marchandises*

a) Importation, par tonne .... 45 fr. »
     Par 100 kg. ou fraction de 100 au-dessous de 1.000 ..   6 fr. »
     Par 100 kg. ou fraction de 100 au-dessus de 1.000 ...   4 fr. 50
b) Exportation, par tonne........................ 25 fr. »
     Par 100 kg. ou fraction de 100 au-dessous de 1.000 ..   3 fr. 50
     Par 100 kg. ou fraction de 100 au dessus de 1.000 ...   2 fr. 50
c) Eau fournie par le wharf, rendue à bord, les 100 kg.
     indivisibles....................................   1 fr. 50
  (Le bord doit fournir les récipients nécessaires au transport du wharf
au navire).

6° *Tarifs spéciaux à l'importation*

a) Chaux, ciments, fer de construction, fibro-ciment, tôles
     ondulées, sel en sac, par tonne indivisible.......... 30 frs
b) Douelles, sacs et futailles vides, réduction de 50% sur tarif général
     à l'importation.

7° *Marchandises encombrantes*
exigeant l'accouplement de deux ou plusieurs boats

Majoration de 50 % sur le tarif normal à la tonne pour chaque boat
supplémentaire.

8. Essai d'un pont de chemin de fer nouvellement construit sur le Chra.

9. La gare de Lomé. Départ du train de Palimé.

8º *Transport d'argent*

Importation..........   0 fr. 50 pour   100 kg.
Exportation..........   2 fr. » pour 1.000 kg.

9º *Travail du dimanche, des jours fériés ou pendant les heures supplémentaires*

Taxe supplémentaire en sus de la taxe normale de 6 fr. 25 par tonne avec un minimum de 125 francs par heure.

***

III. — CHEMINS DE FER

Lomé est le centre du réseau ferroviaire du Togo. Trois lignes s'en détachent, se dirigeant vers les chefs-lieux des trois cercles voisins :

La ligne de Lomé à Anécho ($43^{km},410$), longeant la côte, inaugurée le 18 juillet 1905 ;

La ligne de Lomé à Palimé ($118^{km},860$), terminée et inaugurée le 27 janvier 1907 ;

La ligne de Lomé a Atakpamé (167 kilomètres), terminée en 1909.

Les départs réguliers sur ces lignes ont lieu plusieurs fois par semaine. De plus, en moyenne deux fois par semaine, sur les lignes de Palimé et Atakpamé, circulent des trains spéciaux pour les besoins du commerce, sauf pendant la période août-octobre, saison morte pour les produits d'exportation.

Une sérieuse diminution des tarifs, consécutive à la mise en circulation de la monnaie française, a favorisé l'augmentation du trafic.

Le nombre des voyageurs, de 109.000 en 1922, est passé à 175.000 en 1923.

Le tonnage des transports du commerce a suivi, depuis 1921, une progression constante :

15.500 tonnes en 1921, 21.500 tonnes en 1922, 29.700 tonnes en 1923.

Le budget annexe du chemin de fer et du wharf s'élève à la somme de 3.429.000 francs.

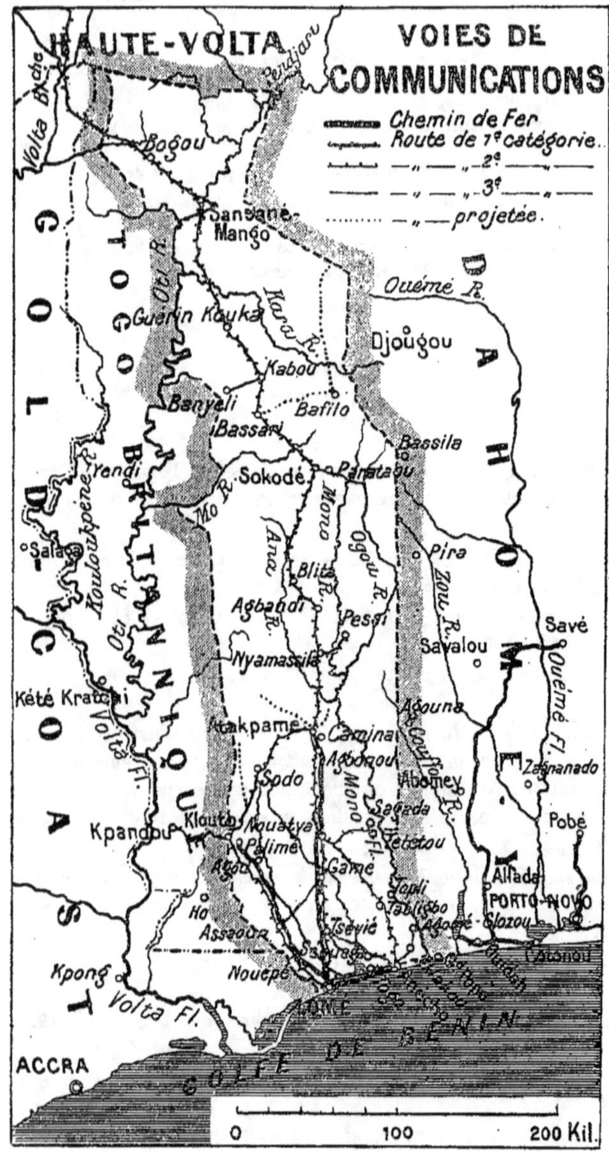

Fig. 7. — Carte des routes et des chemins de fer

TARIFS

1° *Voyageurs*. — Par voyageur et par kilomètre : 1re classe, 0 fr. 35 ; 2e classe, 0 fr. 17 ; 3e classe, 0 fr. 085.

2° *Bagages*. — Par tonne et par kilomètre, 1 fr. 75.

3° *Marchandises* :

a) TARIF GÉNÉRAL, PAR TONNE ET PAR KILOMÈTRE

Pour un tonnage inférieur à 100 kilogrammes :

Marchandises	De 0 à 60 km.	De 60 à 120 km.	Au-dessus de 120 km.
1re catégorie........	1 fr. 75	1 fr. 60	1 fr. 50
2e catégorie........	1 fr. »	0 fr. 90	0 fr. 80
3e catégorie........	0 fr. 70	0 fr. 65	0 fr. 55
4e catégorie........	0 fr. 55	0 fr. 50	0 fr. 40

Pour un total égal ou supérieur à 1.000 kilogrammes, mais inférieur au tonnage du wagon :

Marchandises	De 0 à 60 km.	De 60 à 120 km.	Au-dessus de 120 km.
1re catégorie........	1 fr. 65	1 fr. 50	1 fr. 40
2e catégorie........	0 fr. 90	0 fr. 80	0 fr. 70
3e catégorie........	0 fr. 65	0 fr. 55	0 fr. 45
4e catégorie........	0 fr. 50	0 fr. 45	0 fr. 35

b) TARIFS SPÉCIAUX

N° 1. Par wagon complet, pour toutes les marchandises non comprises dans les autres tarifs spéciaux ; par tonne et par kilomètre :

Marchandises	De 0 à 60 km.	De 60 à 120 km.	Au-dessus de 120 km.
1re catégorie........	1 fr. 45	1 fr. 30	1 fr. 15
2e catégorie........	0 fr. 75	0 fr. 65	0 fr. 55
3e catégorie........	0 fr. 55	0 fr. 45	0 fr. 35
4e catégorie........	0 fr. 45	0 fr. 35	0 fr. 35

N° 2. Huile de palme.

Par tonne et par kilomètre :

	Au-dessous de 60 km.	De 60 à 120 km.	Au-dessus de 120 km.
Par wagon complet de 7 tonnes............	0 fr. 52	0 fr. 42	0 fr. 32
Par wagon complet de 10 tonnes............	0 fr. 50	0 fr. 40	0 fr. 30

N° 3. Arachides, coprah, farine de maïs, farine de manioc, ignames, maïs, manioc, palmistes.

Par tonne et par kilomètre :

	Au-dessous de 60 km.	De 60 à 120 km.	Au-dessus de 120 km.
Par wagon complet....	0 fr. 50	0 fr. 40	0 fr. 30

N° 4. Sisal, noix de coco.

Par tonne et par kilomètre :

	Au-dessous de 60 km.	De 60 à 120 km.	Au-dessus de 120 km.
Par wagon complet....	0 fr. 45	0 fr. 35	0 fr. 25

N° 5. Cacao.

Par tonne et par kilomètre :

	Au-dessous de 60 km.	De 60 à 120 km.	Au-dessus de 120 km.
Par wagon complet....	0 fr. 52	0 fr. 42	0 fr. 32

N° 6. Coton, graines de coton, kapok, graines de kapok.

Par wagon complet et pour une distance supérieure à 140 kilomètres ou payant pour cette distance :

	Par tonne
Graines de coton ou de kapok.........................	27 fr. »
Coton brut ou égrené non pressé, ou kapok.............	31 fr. »
Coton pressé..	34 fr. »

N° 7. Retour des emballages vides.

Par tonne et par kilomètre :

Pour un chargement supérieur à 1.000 kg. et pour toute distance .... 0 fr. 20

N° 8. Voitures automobiles, camions, side-cars.

Pour toute distance, par tonne et par kilomètre, suivant le poids......................... 0 fr. 70 à 1 fr. 10

N° 9. Bois du pays, bois de chauffage.

Par tonne et par kilomètre :

Par minimum d'une tonne, de 0 à 120 kilomètres........ 0 fr. 30
Par minimum d'une tonne, au-dessus de 120 kilomètres.. 0 fr. 25

N° 10. Matériaux de construction d'importation.

Matériel de voie de moins de 1 mètre :

	De 0 à 60 km.	De 60 à 120 km.	Au-dessus de 120 km
Par minimum de 1.000 k	0 fr. 40	0 fr. 30	0 fr. 25

10. La voie urbaine de Lomé.

11. La gare d'Anécho. Départ du train pour Lomé.

N° 11. Matériaux de construction du pays.
Matériaux de charpente :

	De 0 à 60 km.	De 60 à 120 km.	Au-dessus de 120 km.
Par wagon complet....	0 fr. 25	0 fr. 20	0 fr. 18

N° 12. Sable, pierres, terre, charbons divers, engrais, eaux :

	De 0 à 60 km.	De 60 à 120 km.	Au-dessus de 120 km.
Par wagon complet....	0 fr. 22	0 fr. 18	0 fr. 16
Par train d'au moins 8 wagons.............	0 fr. 18	0 fr. 14	0 fr. 12

N° 13. Animaux vivants, par tête et par kilomètre :

	De 0 à 100 km.	Au-dessus de 100 km
Chevaux, mulets..................	0 fr. 40	0 fr. 35
Bœufs, vaches....................	0 fr. 30	0 fr. 25
Veaux, ânes	0 fr. 25	0 fr. 20
Moutons, brebis, chèvres, porcs.......	0 fr. 08	0 fr. 07

Voie urbaine. — Une voie métrique se raccordant aux voies de l'intérieur et à celle du wharf traverse la ville commerçante, permettant d'amener directement les wagons à charger ou à décharger devant les factoreries, moyennant une taxe d'abonnement de 100 francs par mois.

IV. — ROUTES

La question des voies de communication doit prendre, dans tout programme de développement économique, une importance de premier plan ; il est évident que l'absence de moyens d'évacuation des produits rend impossible la mise en valeur d'un pays, si riche soit-il. Des voies de communication nombreuses et aisément praticables ont, au contraire, pour effet non seulement de faciliter l'exploitation des ressources naturelles, mais encore de susciter la création de richesses nouvelles dans les régions où la production spontanée fait défaut. L'exemple du Togo, médiocrement doté de ressources naturelles, est frappant à cet égard ; il n'est pas exagéré de dire que ce petit territoire doit, à ses voies de communication, la plus grande partie de son essor actuel.

En dehors des innombrables sentiers et pistes praticables seulement pour les piétons, il existe au Togo un réseau de routes récemment élargies et refaites et progressivement développé chaque année.

Ces routes ont été classées en trois catégories, suivant le poids des véhicules admis à y circuler : 1re catégorie, routes ouvertes aux camions lourds ne dépassant pas deux tonnes ; 2e catégorie, routes ouvertes aux camions d'une tonne ; 3e catégorie, routes ouvertes aux voitures légères et aux camionnettes ne dépassant pas 400 kilogrammes.

Ce réseau comprend d'abord des routes mettant Lomé en communication avec les colonies voisines françaises ou étrangères et, par la même occasion, avec les chefs-lieux des différentes circonscriptions administratives du territoire.

1° C'est d'abord une grande artère centrale (1re catégorie) qui traverse tout le Togo du Sud au Nord pour rejoindre, à la frontière de la Haute-Volta, la route de Ouagadougou, du Soudan et de Dakar par Bamako. La circulation en automobile est toutefois interrompue entre Bassari et Sansané-Mango pendant une partie de l'année (juillet à fin octobre), la partie comprise entre l'Oti et la Kara étant inondée pendant toute la saison des pluies.

Des projets sont actuellement à l'étude en vue de construire des ponts définitifs sur ces rivières et de faciliter le passage de la zone d'inondation ;

2° Une route côtière (2e catégorie) relie Lomé d'un côté à Grand-Popo (Dahomey) par Anécho, de l'autre à Quittah (Gold-Coast) ;

3° Lomé est relié à Palimé par une route (2e catégorie) passant par Assahun (d'où un embranchement, carrossable seulement jusqu'à la frontière, rejoint Ho en zone anglaise) ; de Palimé, partent deux embranchements se dirigeant l'un vers Ho (1re catégorie), l'autre vers Kpandou (1re catégorie), en zone anglaise.

Ce réseau d'intérêt général se complète de deux routes reliant, à la partie centrale du Territoire, les deux régions excentriques du Sud-Ouest et du Sud-Est : route de Palimé à Atakpamé (2e catégorie, dans le cercle de Klouto, et 1re catégorie, de Sodo à Atakpamé), et route d'Anécho à Atakpamé (1re catégorie) par Nuatja, où elle rejoint l'artère centrale.

Enfin un certain nombre de routes, correspondant aux chemins locaux de France, relient à ces voies principales soit des groupes de localités, soit des centres importants d'exploitation.

Ce sont (1) :

A. — *Cercle de Lomé*

1. Route d'Agbelouvé au Sio.
2. Route d'Agbelouvé au Haho.
3. Route de Tsévié au Haho par Agbatofé et Gati.
4. Route de Tsévié à Bolou et Assomé.
5. Route de Davié au Sio.
6. Route de Noépé au Sio par Mission Tové.
7. Route de Kevé au poste de douanes de Zolo.
8. Route d Assahun au Sio.

B. — *Cercle d'Anécho*

1. Route d'Anécho à Aklakou (2e catégorie).
2. Route d'Anécho à Agomé-Glozou (2e catégorie).
3. Route d'Anécho à Togo (2e catégorie.
4. Route d'Anécho à Sewagan (2e catégorie).

C. — *Cercle de Klouto*

1. Route de Palimé à Agou.
2. Route faisant le tour de la montagne d'Agou.
3. Route de Missahöhe à Kouma.
4. Route de Kpadafé à Amedjope (2e catégorie.
5. Route de Tové à Amoussoukopé.
6. Route de Palimé à Hiangba.
7. Route de Palimé à Kpimé.

D. — *Cercle d'Atakpamé*

1. Route de Niamassila à Kpessi (1re catégorie).
2. Route de Agbonou à Kamina et Agbodrafo.
3. Route d'Atakpamé à Sada.
4. Route de Kpelé au Haho (1re catégorie).
5. Route de Gbekou à Sada et Boko (1re catégorie).
6. Route de Fioho à Foukote.
7. Route de Nuatja à Tetctou et Sagada (1re catégorie).

E. — *Cercle de Sokodé*

1. Route de Sokodé au Mono par Parataou.
2. Route de Kabou à Banjeli.
3. Route de Koubambou à Bapouré.

(1) Les routes dont la catégorie n'est pas indiquée sont classées dans la troisième catégorie.

F. — *Cercle de Mango*

Pistes carrossables pendant la saison sèche, reliant Mango aux principales localités du cercle.

Toutes ces routes, dont certaines sont l'œuvre de l'Administration française, sont, grâce à un entretien constant, en excellent état et très praticables par les voitures automobiles, lesquelles sont d'ailleurs les seules à y circuler, la traction animale étant complétement inconnue dans l'ensemble du Togo.

Chaque année elles sont l'objet de nouveaux travaux destinés à améliorer la circulation : suppression de virages trop brusques, construction de ponts définitifs, suppression ou réduction des rampes, etc.

Une nouvelle route, actuellement en construction, est destinée à relier Atakpamé au canton montagneux de l'Akebou, où elle sera rejointe par une autre (dont le tracé est actuellement à l'étude) qui partira de Palimé et traversera le plateau de Daye et le massif de l'Akposso.

Enfin, dans le programme des travaux à exécuter prochainement, figure la construction, dans le Nord, d'une route reliant le massif Cabrais à Sokodé. Pour donner satisfaction à ce groupe important de population, il a déjà été construit en 1923, sur la route de Kara, un pont de 166 mètres de long, ouvrage d'art imposant dont la construction, entreprise avec le concours empressé des habitants de la région, a été menée rapidement à bonne fin malgré la distance considérable qui séparait le chantier du chemin de fer (400 kilomètres).

***

V. — POSTES. TÉLÉGRAPHES. TÉLÉPHONES

Le territoire du Togo français a été érigé en office postal, avec Lomé pour capitale, par arrêté local en date du 29 août 1922.

Le Service des Postes, Télégraphes, Téléphones comprend trois Européens et douze bureaux gérés par des agents indigènes, à l'exception de celui de Lomé.

Ces bureaux, énumérés ci-après, participent aux opérations suivantes :

```
Lomé ...........   PTt  VD  CR  CVD  M  MM  RB  MMT
Agbeluvhe (a) .....   PT
Agou (a) .........   PT
```

12. Route de Lomé-Atakpamé. Pont sur le Sio.

13. Route de Lomé à Anécho, le long du rivage en bordure des cocoteraies.

Anécho............	PTt	VD	CR	CVD	M	MM	RB
Assahun (a)	PT						
Atakpamé.........	PTt	VD	CR	CVD	M	MM	RB
Noépé (a).........	PT						
Nuatja (a)	PT						
Palimé............	PTt	VD	CR	CVD	M	MM	RB
Porto-Segouro (a)...	PT						
Sokodé	PTt		CR		M	MM	RB
Tsévié (a)	PT						

(a)   Bureau gare.

P   Poste : correspondances postales ordinaires et recommandées.

T   Télégraphie officielle et privée.

t   Téléphonie officielle et privée.

VD   Lettres et boîtes valeurs déclarées jusqu'au maximum de 10.000 francs.

CR   Colis postaux ordinaires et contre remboursement jusqu'au maximum de 500 francs.

CVD   Colis postaux avec valeur déclarée jusqu'au maximum de 1.000 francs.

M   Mandats-poste et télégraphiques locaux jusqu'au maximum de 5.000 francs.

RB   Envois contre remboursements métropolitains jusqu'au maximum de 500 francs.

MM   Mandats-poste métropolitains jusqu'au maximum de 500 francs.

MMT   Mandats télégraphiques métropolitains jusqu'au maximum de 5.000 francs.

COURRIERS INTÉRIEURS

De Lomé, des courriers sont acheminés :

Par chemins de fer, les lundi, mardi, jeudi, vendredi et samedi sur Anécho, et de là, par courriers piétons, sur la frontière du Dahomey ; par chemins de fer, les lundi et jeudi sur Palimé, et de là, par courriers piétons, sur la frontière de la zone anglaise du Togo ; par chemins de fer, les lundi et jeudi sur Atakpamé puis, par auto, sur Sokodé, et au delà, par courriers piétons, sur Sansané-Mango et la frontière de la Haute-Volta.

Par courriers cyclistes, les lundi, mercredi et vendredi sur la frontière de la colonie anglaise de la Gold Coast.

COURRIERS EXTÉRIEURS

En ce qui concerne les courriers d'outre-mer, le Togo est desservi par deux Compagnies maritimes assurant des départs réguliers :

La Compagnie française des Chargeurs-Réunis, qui débarque

les dépêches à Lomé et assure, en principe, un voyage tous les vingt et un jours, et la Compagnie anglaise Elder Dempster, qui effectue trois voyages par mois mais débarque ses dépêches à Accra, d'où elles sont acheminées sur Lomé par des moyens rapides : automobile et canot à vapeur pour le passage de la Volta.

A partir du mois de mai, la Compagnie Fabre-Fraissinet participera, d'autre part, au service des courriers par ses paquebots rapides quittant Marseille tous les vingt-cinq jours.

Colis postaux

Lomé est un bureau d'échange pour les colis postaux provenant de l'extérieur.

Les colis destinés à des personnes habitant Lomé sont retirés par les bénéficiaires, au bureau de poste, après acquittement par eux des droits de douane.

En ce qui concerne les colis à destination de l'intérieur du Territoire, le Service des Postes se charge des formalités de douane et avance, pour le compte du public, les droits dont sont passibles les dits colis, qui acquittent, en outre, une taxe supplémentaire pour le transport du port de débarquement au bureau de destination.

Ces taxes, reproduites ci-dessous et dont le montant est en rapport avec le trajet, sont celles fixées par l'arrêté local en date du 28 décembre 1920, ouvrant au Service des colis postaux toutes les localités du Territoire pourvues d'un bureau de poste.

	ANÉCHO	ATAKPAMÉ	LOMÉ	PALIMÉ	S.-MANGO	SOKODÉ
Anécho.........	»	2 25	0 75	1 75	8 »	5 »
Atakpamé.....	3 25	»	1 50	2 50	5 75	2 75
Lomé.........:	1 25	2 »	»	1 »	7 25	4 25
Palimé........	2 75	3 50	1 50	»	8 25	5 25
S.-Mango......	12 50	9 25	11 25	12 75	»	3 »
Sokodé........	7 50	4 25	6 25	7 75	5 »	»

Articles d'argent

Le maximum des mandats-poste et télégraphiques locaux est fixé à 5.000 francs ; le droit est de 5 centimes par 5 francs ou fraction de 5 francs.

Les titres de l'espèce sont payables non seulement à l'intérieur du Territoire, mais encore dans toutes les colonies faisant partie du groupe de l'Afrique Occidentale Française.

Le maximum des mandats-poste métropolitains est fixé à 500 francs.

Les mandats-poste métropolitains sont échangés directement avec la France, l'Algérie, la Tunisie et les colonies françaises autres que celles de l'Afrique Occidentale Française, et par l'intermédiaire du bureau de Paris-Caisse avec les pays étrangers.

Le bureau de Lomé est, en outre, ouvert au Service des mandats télégraphiques métropolitains avec la France et l'Algérie.

Le maximum de ces mandats est de 5.000 francs, et le droit, le même que celui des mandats-poste, est fixé comme suit :

	Jusqu'à	10 fr............	0 fr. 30
de	10 01 à	20	0 fr. 40
de	20 01 à	40	0 fr. 60
de	40 01 à	60	0 fr. 80
de	60 01 à	100	1 fr. »
de	100 01 à	200	1 fr. 20
de	200 01 à	400	1 fr. 40
de	400 01 à	600	1 fr. 60
.de	600 01 à	800	1 fr. 80
de	800 01 à 1.000	....	2 fr. »

Au delà de 1.000 fr., 20 centimes par 200 fr. ou fraction de 200 fr.

TARIFS D'AFFRANCHISSEMENT
DES DIVERSES CORRESPONDANCES

Dans le régime intérieur, ainsi que dans les relations franco-coloniales et intercoloniales, les taxes ainsi que les conditions d'admission des objets de correspondance sont fixées comme suit :

Lettres et paquets clos, papiers de commerce et d'affaires : jusqu'à 20 grammes, 25 centimes ; de 20 à 50 grammes, 45 centimes ; de 50 à 100 grammes, 60 centimes ; au-dessus de 100 grammes, 20 centimes par 100 grammes ou fraction de 100 grammes. Poids maximum, 1.500 grammes.

Dimensions maxima, 45 centimètres sur chaque côté, et, sous forme de rouleau, 75 centimètres de long sur 10 de diamètre.

Par exception, sont admis au tarif de 20 centimes jusqu'à 20 grammes :

a) Les factures, relevés de comptes ou de factures, bordereaux d'expédition et notes d'honoraires, expédiés sous bande, sous enveloppe ouverte ou sur carte à découvert et ne comportant pas d'indications manuscrites autres que celles afférentes à la date, au nom et à l'adresse du débiteur et du créancier, au numéro de la facture, à la date et au numéro de la commande et du bon de livraison, à la nature des marchandises, à leur quantité, à leur prix, au mode d'expédition, à la nature et au montant des honoraires, à la date, au lieu et au mode de paiement ;

b) Les certificats de vie et les quittances concernant l'exécution de la loi sur les retraites ouvrières et paysannes, expédiés sous plis ouvert. Ces objets de correspondances devront porter du côté de l'adresse, en caractères très apparents, la mention « Application de la loi sur les retraites ouvrières et paysannes ».

Cartes postales

Cartes postales simples ordinaires, 20 centimes ;
Cartes postales ordinaires avec réponse payée, 40 centimes ;
Cartes postales illustrées dont la moitié du recto est réservée à la correspondance, l'autre moitié à l'adresse, 15 centimes.
Dimensions maxima, 14 centimètres de long sur 9 de large ;
Dimensions minima, 10 centimètres de long sur 7 de large.

Cartes de visite

Sans correspondance, 5 centimes ; avec cinq mots de correspondance, 15 centimes ; avec plus de cinq mots de correspondance, 25 centimes.

Echantillons

Jusqu'à 100 grammes, 20 centimes ;
Au-dessus de 100 grammes, 15 centimes par 100 grammes ou fraction de 100 grammes.
Poids maximum, 500 grammes.
Dimensions maxima, 30 centimètres sur toutes les faces ou 45 centimètres sur une face si les deux autres ne dépassent pas 15 centimètres.

Imprimés

a) Imprimés non périodiques :
Jusqu'à 50 grammes, 5 centimes ;
De 50 à 100 grammes, 15 centimes ;
Au-dessus de 100 grammes, 15 centimes par 100 grammes ou fraction de 100 grammes.

b) Cartes électorales imprimées, bulletins de vote imprimés ou manuscrits et circulaires électorales imprimés :

1 centime par 25 grammes ou fraction de 25 grammes.

c) Impressions en relief en caractères « Braille » ou de tout autre système à l'usage des aveugles, expédiées soit sous bande, soit sous enveloppe ouverte :

Jusqu'à 20 grammes, 2 centimes ;

De 20 à 100 grammes, 3 centimes ;

De 100 à 500 grammes, 5 centimes ;

Au-dessus de 500 grammes, 5 centimes par 500 grammes ou fraction de 500 grammes.

d) Imprimés périodiques :

Jusqu'à 50 grammes, 2 centimes ;

Au-dessus de 50 grammes, 1 centime par 25 grammes ou fraction de 25 grammes.

La taxe se calcule par exemplaire ; elle ne peut, en aucun cas, dépasser la taxe d'un paquet d'imprimés ordinaires et de même poids.

Le poids maximum des imprimés de toute nature est de 3 kilogrammes ; les dimensions maxima sont les mêmes que celles des lettres.

Lettres et boîtes de valeur déclarée

Le prix du port des lettres et boîtes de valeur déclarée se compose :

a) D'une taxe calculée d'après le tarif applicable aux lettres ordinaires.

b) D'un droit fixe de recommandation de 60 centimes.

c) D'un droit proportionnel d'assurance de 40 centimes jusqu'à 1.000 francs, et de 25 centimes par 1.000 francs ou fraction de 1.000 francs jusqu'au maximum de 10.000 francs.

Le poids maximum et les dimensions maxima des lettres avec valeur déclarée sont ceux des lettres ordinaires.

Le poids des boîtes n'est pas limité, les dimensions maxima sont 30 centimètres de long sur 10 centimètres de largeur et 10 centimètres de hauteur.

Avis de réception d'objets chargés ou recommandés

Droit fixe de 25 centimes.

Taxe de recommandation

Lettres et paquets clos, papiers de commerce et d'affaires, cartes postales et cartes de visite avec correspondance : droit fixe de 60 centimes ; échantillons, imprimés et cartes de visite sans correspondance : 40 centimes.

TARIFS D'AFFRANCHISSEMENT DU RÉGIME INTERNATIONAL

Lettres

Jusqu'à 20 grammes, 75 centimes ;
Au-dessus de 20 grammes, 40 centimes par 20 grammes ou fraction de 20 grammes.

Poids maximum, 2 kilogrammes.

Dimension maxima, 45 centimètres sur chaque côté, et, sous forme de rouleau, 7 centimètres de longueur sur 10 centimètres de diamètre.

Papiers d'affaires

15 centimes par 50 grammes ou fraction de 50 grammes, avec minimum de perception de 75 centimes.

Poids maximum, 2 kilogrammes.

Mêmes dimensions maxima que pour les lettres.

Cartes postales

Carte simple et chaque partie de la carte avec réponse payée, 45 centimes.

Dimensions maxima, 14 centimètres de long et 9 de large ;
Dimensions minima, 10 centimètres de long et 7 de large.

Echantillons

15 centimes par 50 grammes ou fraction de 50 grammes, avec minimum de perception de 30 centimes.

Poids maximum, 500 grammes.

Dimensions maxima, 30 centimètres de long, 20 de large et 10 de haut, ou, sous forme de rouleau, 30 centimètres de long et 15 de diamètre.

Imprimés

La taxe des imprimés, périodiques ou non, est de 15 centimes par 50 grammes ou fraction de 50 grammes.

Exceptionnellement, les impressions en relief, à l'usage spécial des aveugles, sont taxées au tarif de 5 centimes par 500 grammes. Poids maximum, 2 kilogrammes.

Dimensions maxima, 45 centimètres sur chaque face, ou, sous forme de rouleau, 75 centimètres de long sur 10 de diamètre.

Lettres avec valeur déclarée

Le prix du port d'une lettre avec valeur déclarée se compose :

a) De la taxe d'une lettre ordinaire de même poids ;

b) D'un droit fixe de recommandation de 75 centimes ;

c) D'un droit proportionnel d'assurance de 5 centimes par 300 francs ou fraction de 300 francs par pays d'origine, de destination et de transit, avec addition d'un droit d'assurance maritime de 10 centimes par 300 francs ou fraction de 300 francs pour chaque office participant au transport maritime.

Le poids maximum et les dimensions maxima sont les mêmes que ceux des lettres ordinaires.

Boîte avec valeur déclarée

Le prix du port d'une boîte avec valeur déclarée se compose :

a) D'une taxe de 30 centimes par 50 grammes, avec minimum de perception de 1 fr. 50 ;

b) D'un droit fixe de recommandation de 75 centimes ;

c) D'un droit proportionnel d'assurance, qui est le même que celui indiqué pour les lettres avec valeur déclarée.

Poids maximum, 1 kilogramme.

Dimensions maxima, 30 centimètres en longueur, 10 centimètres en largeur et en hauteur.

Avis de réception d'objets chargés ou recommandés

Droit fixe de 75 centimes lorsque l'avis est demandé au moment du dépôt de l'objet :

1 fr. 50 lorsque l'avis est demandé postérieurement au dépôt.

Taxe de recommandation

Droit fixe de 75 centimes.

RELATIONS FRANCO-COLONIALES ET INTERCOLONIALES

Tableau d'affranchissement

LETTRES ET PAPIERS DE COMMERCE ET D'AFFAIRES (Paquets clos)			ECHANTILLONS		IMPRIMÉS non PÉRIODIQUES	
Poids	Ordinaire	Recommandation	Ordinaire	Recommandation	Ordinaire	Recommandation
0 à 20 gr.	0 25	0 85	»	»	»	»
20 à 50 gr.	0 45	1 05	»	»	0 05	0 45
50 à 100 gr.	0 60	1 20	0 20	0 60	0 15	0 55
100 à 200 gr.	0 80	1 40	0 35	0 75	0 30	0 70
200 à 300 gr.	1 »	1 60	0 50	0 90	0 45	0 85
300 à 400 gr.	1 20	1 80	0 65	1 05	0 60	1 »
400 à 500 gr.	1 40	2 »	0 80	1 20	0 75	1 15
500 à 600 gr.	1 60	2 20	»	»	0 90	1 30
600 à 700 gr.	1 80	2 40	»	»	1 05	1 45
700 à 800 gr.	2 »	2 60	»	»	1 20	1 60
800 à 900 gr.	2 20	2 80	»	»	1 35	1 75
900 à 1.000 gr.	2 40	3 »	»	»	1 50	1 90
1.000 à 1.100 gr.	2 60	3 20				
1.100 à 1.200 gr.	2 80	3 40	Poids maximum : 500 gr.		Et ainsi de suite, à raison de 0 fr. 15 par 100 gr.	
1.200 à 1.300 gr.	3 »	3 60	Dimensions : 30 × 30 × 80 ou 55 × 15 × 15.		Poids maximum : 3 kil.	
1.300 à 1.400 gr.	3 20	3 80			Dimensions : comme pour les lettres.	
1.400 à 1.500 gr.	3 40	4 »				

Poids maximum : 1.500 gr.

Dimensions : 45 × 45 × 45.

Rouleaux : 75 × 10.

Cartes postales ordinaires : 0f 20

Cartes illustrées portant correspondance : 0 fr. 15.

Avis de réception : 0 fr. 25.

SERVICE INTERNATIONAL « UNION POSTALE »

Imprimés

	Ordinaire	Recommandation
Jusqu'à 50 grammes...........	0 15	0 90
De 50 à 100 grammes.....	0 30	1 05
100 à 150 —	0 45	1 20
150 à 200 —	0 60	1 35
200 à 250 —	0 75	1 50
250 à 300 —	0 90	1 65
300 à 350 —	1 05	1 80
350 à 400 —	1 20	1 95
400 à 450 —	1 35	2 10
450 à 500 —	1 50	2 25

et ainsi de suite, à raison de 15 centimes par 50 grammes jusqu'à 2 kilogrammes.

LETTRES			ÉCHANTILLONS		
Poids	Ordinaire	Recommandation	Poids	Ordinaire	Recommandation
0 à 20 gr.	0 75	1 50	0 à 100 gr.	0 30	1 05
20 à 40 gr.	1 15	1 90	100 à 150 gr.	0 45	1 20
40 à 60 gr.	1 55	2 30	150 à 200 gr.	0 60	1 35
60 à 80 gr.	1 95	2 70	200 à 250 gr.	0 75	1 50
80 à 100 gr.	2 35	3 10	250 à 300 gr.	0 90	1 65
100 à 120 gr.	2 75	3 50	300 à 350 gr.	1 05	1 80
120 à 140 gr.	3 15	3 90	350 à 400 gr.	1 20	1 95
140 à 160 gr.	3 55	4 30	400 à 450 gr.	1 35	2 10
160 à 180 gr.	3 95	4 70	450 à 500 gr.	1 50	2 25
180 à 200 gr.	4 35	5 10			
200 à 220 gr.	4 75	5 50			
220 à 240 gr.	5 15	5 90			
240 à 260 gr.	5 55	6 30			
260 à 280 gr.	5 95	6 70			
280 à 300 gr.	6 35	7 10			

Poids maximum : 500 grammes.
Dimensions : 30 × 20 × 10.
Rouleaux : 30 × 15.

Et ainsi de suite, à raison de 0 fr. 40 par 20 grammes jusqu'à 2 kilogrammes.

SERVICE TÉLÉGRAPHIQUE

La longueur des lignes du réseau télégraphique actuellement exploité est de 621 kilomètres.

Le territoire est relié directement par lignes aériennes avec le Dahomey, la colonie anglaise de la Gold-Coast et la zone anglaise du Togo ; par câbles sous-marins avec le Dahomey et le Cameroun.

Le doublement de la ligne Lomé-Anécho-frontière du Dahomey, en voie d'exécution, permettra, dans un avenir très rapproché, l'échange des communications téléphoniques entre les deux colonies.

A l'exception des télégrammes urgents qui ne sont pas admis dans le régime intérieur, tous les télégrammes spéciaux sont autorisés, aussi bien dans le régime intérieur que dans le régime international.

La taxe des télégrammes est de 15 centimes par mot, avec minimum de perception de 1 fr. 50 ; 20 centimes par mot à partir du onzième mot.

SERVICE TÉLÉPHONIQUE

Il n'existe pas de réseau téléphonique proprement dit, le réseau télégraphique étant employé pour les communications téléphoniques.

Cette installation est suffisante et répond aux exigences du public, dont les demandes de communications interurbaines sont peu nombreuses.

La redevance de premier établissement d'un poste d'abonné et de la ligne jusqu'à 1 kilomètre de distance est fixé à 300 francs.

Le taux de l'abonnement annuel est fixé à 180 francs, pour un poste principal, et à 100 francs par poste supplémentaire.

La taxe de l'avis d'appel est fixée à 1 franc, et celle des conversations à :

1 fr. 25 entre Lomé-Anécho, Lomé-Porto-Segouro, Anécho-Porto-Segouro ;

2 fr. 50 entre Lomé-Palimé, Lomé-Atakpamé, par unité de conversation de 3 minutes.

La création d'un poste côtier local est envisagée pour 1925 ; il rendra les plus utiles services par ses relations avec les colonies voisines et les paquebots à destination du Togo.

14. Pont sur la Kara (cercle de Sokodé). Longueur 166 mètres. 18 piles.

15. Amélioration des voies de communication.
Spécimen des travaux de maçonnerie exécutés sur les routes du Territoire.

CHAPITRE VI

La vie des Européens au Togo

I. — SALUBRITÉ

Les observations précises enregistrées au chapitre Ier sur le climat permettent de donner les indications générales suivantes au point de vue de la salubrité du pays.

Le Togo peut se diviser en trois zones possédant un climat différent, plus ou moins favorable à l'Européen :

a) La zone côtière, très peu pluvieuse (500 à 750 millimètres d'eau par an), mais constamment humide, même pendant la saison sèche, où l'harmattan, vent desséchant venu du Nord, est à peine sensible. Le climat y est très supportable pour l'Européen pendant la plus grande partie de l'année et notamment de mai à novembre, un peu déprimant de novembre à février, et quelquefois pénible pendant les mois de mars et avril, qui correspondent aux débuts de la saison des pluies. Le vent de la mer, qui souvent n'est guère sensible qu'à proximité immédiate de la côte, rafraîchit beaucoup la température, plus particulièrement vers la tombée de la nuit.

b) La zone centrale, qui commence à une vingtaine de kilomètres au sud d'Atakpamé et s'étend jusqu'à la hauteur de Sokodé, se caractérise par d'abondantes et nombreuses précipitations pendant la saison des pluies (1.260 à 1.500 millimètres par an), alors que la saison sèche n'est coupée que par quelques rares tornades, en décembre et en janvier. Assez humide à l'époque des pluies, il y règne, par contre, une grande sécheresse pendant les mois d'harmattan (décembre et janvier). C'est une région très saine pour l'Européen, les nuits y sont toujours relativement fraîches, et seul le changement de saison, en mars et avril, est parfois un peu pénible.

Dans la partie ouest de cette zone, la cuvette de Palimé, resserrée entre deux massifs montagneux et dotée d'un climat excessivement humide, constitue la partie de beaucoup la plus pluvieuse du Togo (1.500 à 2.000 millimètres). Elle est pénible pour l'Européen, qui peut difficilement y faire, sans danger, un séjour ininterrompu supérieur à deux ans. Par contre, les hauteurs qui entourent Palimé sont particulièrement salubres. Misahöhe, siège de la résidence du cercle de Klouto, jouit d'un climat humide mais sain toute l'année, et le sommet de la montagne de Klouto est réputé pour la douceur de la température.

c) A partir de Sokodé, on entre dans la zone soudanaise (1.000 à 1.250 millimètres), marquée par une saison des pluies de mai-juin à octobre et une saison sèche de novembre à mai. Pendant les mois d'avril et de mai, il tombe quelques tornades souvent d'une rare violence. Ces deux mois sont les plus difficiles à supporter. En décembre et janvier l'harmatan, qui souffle presque sans interruption, provoque de fortes différences de température, entre le jour et la nuit, au point qu'on éprouve le matin une véritable sensation de froid.

Le régime des pluies n'est pas uniforme dans toute cette zone. La région Konkomba est plus humide et les précipitations atmosphériques y sont plus nombreuses.

Les orages sont toujours précédés d'une dépréciation atmosphérique assez grande et suivis d'une baisse assez sensible de la température, ce qui fait que la saison des pluies se supporte facilement.

*
* *

II. — HYGIÈNE

D'une façon générale, la salubrité, au Togo, est bonne. Les indigènes appartiennent à de belles races noires. Si la mortalité est très élevée parmi eux, surtout pour les nouveaux-nés, cela tient plutôt à une mauvaise hygiène qu'à la violence des maladies endémiques ou épidémiques. En 1923, aucune maladie épidémique n'a été signalée sur le Territoire.

Les moustiques sont les agents vecteurs des maladies les plus à craindre pour les Européens sur la côte d'Afrique : le paludisme et la fièvre jaune. Au Togo, grâce au Service d'hygiène, à l'extension des cultures, à l'assèchement des lagunes et des mares, ces endémies sont moins dangereuses qu'ailleurs. Au surplus, les moustiques, très rares dans le Nord, où la moustiquaire est inutile pendant la plus grande partie de l'année, disparaissent presque complètement pendant la saison sèche, dans la plus grande partie du territoire ; à Lomé, ils sont rares, même pendant la saison des pluies.

Un Service d'hygiène organisé fonctionne d'une façon satisfaisante, dans tous les centres, sous l'impulsion d'un Conseil supérieur à Lomé et de Commissions dans chaque cercle. Des équipes de gardes d'hygiène, dirigées par les médecins, mènent la lutte contre les moustiques et leurs larves, procèdent à l'évacuation et à la destruction des matières usées, aux désinfections, etc. A Lomé, ces équipes sont conduites par deux agents européens assermentés.

Bien que le Togo soit un pays relativement salubre, les Européens qui veulent y résider pendant deux ou trois ans doivent prendre certaines précautions indispensables pour y jouir d'une bonne santé et se défendre contre le soleil, l'eau, les moustiques et les excès, qui sont les grands facteurs de la morbidité dans tous les pays tropicaux.

Le soleil et la chaleur. — Le soleil et la lumière solaire peuvent déterminer l'insolation et le coup de chaleur, accidents souvent mortels. Pour prévenir l'insolation, le port du casque en liège est nécessaire. Il convient aussi de se garantir de l'éclat de la lumière et de la réverbération, qui peuvent provoquer des accidents oculaires graves ou déterminer des névralgies tenaces et des embarras gastriques fébriles, d'où l'utilité du port de lunettes à verrres fumés et des maisons entourées de larges vérandahs. Quand l'évaporation de la sueur ne suffit pas à maintenir la température normale du corps, celui-ci s'échauffe et la mort survient par coup de chaleur, affection d'autant plus fréquente que l'humidité de l'atmosphère est plus grande, comme dans la zone maritime du Togo. Il faut donc éviter les exercices violents et les marches à pied prolongées aux heures chaudes de la journée, entre 10 heures du matin et 5 heures du soir. En revanche, il est nécessaire de se livrer régulièrement, dans la soirée, à des exercices physiques modérés, comme le tennis, la marche à pied, la gymnastique suédoise, etc. La douche ou le bain, frais ou tiède, selon le tempérament, devra être pris chaque jour, pour décaper la peau, favoriser la transpiration et abaisser la température centrale du corps.

L'eau de boisson. — L'eau de boisson doit être surveillée par l'Européen lui-même et non par les boys indigènes, trop souvent malpropres et insouciants. Dans une grande partie du Togo, cette eau provient de puits ou de mares souillés. Il est vrai que la dysenterie amibienne est rare dans ce pays, que le choléra y est, jusqu'ici, inconnu, mais les cas de parasitisme intestinal, de diarrhée, de fièvre typhoïde, de vers de Guinée, sont très fréquents. Il importe donc de ne jamais consommer que de l'eau bouillie ou filtrée. Tout Européen doit avoir, au Togo, un filtre, genre Chamberland, ou Berkefeld, ou Lapeyrère.

Moustiques, mouches, rats. — Les Européens doivent prendre les précautions les plus grandes contre les piqûres de moustiques et poursuivre avec une énergie inlassable la lutte contre ces insectes et leurs larves. Ils doivent également se méfier des mouches et des rats, qui sont aussi des agents vecteurs des maladies épidémiques.

Il suffirait de quelques négligences dans la lutte anti-larvaire pour voir sévir, avec intensité, le paludisme et la fièvre jaune ; comme les moustiques du paludisme et de la fièvre jaune (anophèles et stégomya) piquent surtout la nuit, il est absolument indispensable que les Européens fassent un usage constant de la moustiquaire et que cette moustiquaire soit hermétiquement close.

En outre, comme les indigènes sont des réservoirs permanents pour les germes du paludisme, de la fièvre jaune et de la filariose, il importe que les habitations des Européens soient établies à une certaine distance des groupements indigènes.

Enfin, l'usage régulier de la quinine préventive, à raison de 25 centigrammes par jour, est d'une nécessité absolue, aussi bien au Togo que dans les autres colonies de la côte d'Afrique.

Chaque Européen, dans son propre intérêt comme dans celui de la collectivité, doit aider lui-même les brigades d'hygiène dans leur lutte contre les moustiques, en surveillant le nettoyage de sa maison et de ses alentours, en faisant disparaître les récipients de toutes sortes, où l'eau de pluie pourrait s'accumuler.

Il n'est pas moins utile de surveiller l'enlèvement journalier et la destruction des ordures ménagères et autres déchets usagés, pour éviter le développement des rats et des moustiques, agents vecteurs de la peste et du choléra. Quoique ces dernières maladies n'aient pas encore été signalées au Togo, il faut toujours penser à leur appoit possible par les navires provenant de points actuellement contaminés de la côte d'Afrique.

La fièvre récurrente n'a pas encore fait son apparition au Togo, alors qu'elle s'est manifestée dans les autres colonies de l'A. O. F. Le pou est l'agent vecteur de cette fièvre ; les Européens qui sont obligés, par leurs fonctions, de vivre au milieu des indigènes, doivent donc être d'une propreté rigoureuse, prendre une douche ou un bain journalier, et changer fréquemment de linge de corps.

L'alcoolisme. — L'alcoolisme est fréquent chez les Européens habitant les colonies. On a tendance à boire parce qu'il fait chaud, que l'on a soif, que l'on est souvent déprimé, que l'on s'ennuie, et parce que l'alcool donne une excitation factice.

Les apéritifs et les liqueurs exercent, par les essences qu'ils renferment, l'action la plus néfaste sur le système nerveux ; cette action est beaucoup plus rapide dans les pays chauds que dans la Métropole ; elle se manifeste d'abord par de l'énervement, de l'irritabilité, puis par des polynévrites et des manies. L'alcool détermine rapidement, aux colonies, de la dysenterie gastro-intestinale et des maladies du foie ; il met l'organisme en état de moindre résistance contre le paludisme et autres affections endémiques ; il prédispose à la fièvre bilieuse hémoglobinurique.

L'Européen, au Togo, doit donc éviter l'abus de l'alcool sous toutes ses formes. Mais il ne faut pas tomber dans un excès contraire et s'abstenir complètement de bon vin. Le Champagne, en particulier, pris à doses modérées, dans les circonstances où il s'agit de combattre une dépression physique ou morale, possède des propriétés toniques certaines.

L'ALIMENTATION

De même pour les aliments : s'il faut, dans les pays chauds, éviter les excès de nourriture carnée, surtout au repas du soir, il ne faut pas, sous prétexte d'économies, par exemple, avoir une alimentation trop pauvre. Aux colonies, pour bien se porter, il faut avoir une vie confortable.

L'alimentation des indigènes, composée surtout de féculents, ne convient pas au tube digestif des Européens. Si l'on veut conserver un bon appétit, il faut avoir une nourriture bien préparée, variée et appétissante, et se pourvoir, pour cela, d'un bon cuisinier. Or, au Togo, il est en somme facile de trouver ou de dresser de bons cuisiniers indigènes.

Parmi les aliments à éviter au Togo, il faut signaler les huîtres de la lagune d'Anécho, qui déterminent des intoxications graves.

L'Européen trouvera d'ailleurs au Togo tous les éléments d'une nourriture saine et abondante : viande de bœuf, de mouton, de porc, dans les principales agglomérations, poisson sur la côte et le long des rivières, gibier varié un peu partout.

L'abus des viandes étant nocif sous les tropiques, on trouve facilement à les remplacer par toutes sortes de légumes. Les légumes d'Europe poussent, au Togo, presque toute l'année ; au surplus, les plantes comestibles locales peuvent très bien figurer comme produits de substitution : l'igname remplace à s'y méprendre la pomme de terre ; cuite à l'étouffée, elle peut remplacer le pain ; le manioc fait d'excellents ragoûts et sert à la confection d'un tapioca très apprécié des Européens ; certaines plantes sauvages valent l'oseille et les épinards, etc., etc. Enfin, les fruits exotiques sont presque tous représentés au Togo : bananes, ananas, goyaves, papayes, mangues, pamplemousses, avocats.

Toutes les variétés de conserves sont vendues dans les maisons de commerce ; leur abus est à éviter en raison des intoxications intestinales qu'elles provoquent.

L'HABITATION

Il serait sans doute oiseux de donner des conseils pour le choix de l'emplacement d'une habitation dans un pays où le prix des constructions est relativement élevé. L'Européen pourra trouver cependant, à Lomé du moins, à louer soit un petit appartement, soit une maison, bien que la crise des logements sévisse aussi au Togo.

Il choisira, de préférence, une habitation aux façades orientées du Nord au Sud, autant que possible isolée du sol, soit surélevée, soit sur pilotis, entourée d'une vérandah à persiennes mobiles susceptibles de laisser pénétrer l'air et le soleil en vue de l'assainissement des pièces. Les communs devront être à une certaine distance de la maison, laquelle sera dotée d'une salle de douche, indispensable aux colonies.

Le prix de construction d'un pavillon d'habitation, sans étage, varie entre 30 et 40.000 francs. La construction d'un vaste immeuble à usage commercial, entre 100 et 200.000 francs. La location d'une maison varie entre 300 et 1.500 francs par mois, suivant qu'il s'agit de maisons d'habitation ou de locaux à usage de commerce, lesquels payent un loyer très élevé.

*
* *

III. — MOBILIER

A part la literie, que l'on trouve d'ailleurs dans les maisons de commerce de Lomé, l'Européen trouvera, dans les principaux centres, des menuisiers qui lui confectionneront, dans de bonnes conditions, des meubles très confortables, surtout si leur goût est guidé par un modèle.

IV. — DOMESTIQUES

Le personnel domestique d'un Européen se compose toujours d'un cuisinier et de un ou plusieurs boys. Il importe de ne pas les choisir trop hâtivement parmi les nombreux solliciteurs qui viennent offrir leurs services aux nouveaux débarqués (le recrutement étant, dans l'ensemble, assez médiocre) et de les faire choisir par des gens installés déjà dans le pays. Ce n'est guère qu'à Lomé qu'il sera possible de trouver un bon cuisinier ; le salaire moyen est de £ 2.10.

Les boys peuvent se recruter partout, ils se payent moins cher à l'intérieur que sur la côte ; le salaire moyen, à Lomé, varie de £ 1.10 et 2. Une bonne d'enfants, à Lomé, se paye de 2 à 3 livres.

*
* *

V. — OBJETS A EMPORTER DE FRANCE

Avant de s'embarquer pour les colonies, l'Européen doit surtout emporter une provision de vêtements et linge de corps suffisante pour ne pas avoir à la renouveler au cours de son séjour à la colonie. Le linge de corps doit être en assez grande quantité pour pouvoir en changer journellement, et quelquefois plusieurs fois par jour, suivant la température. Les maisons de commerce locales en ont toujours un assortiment, mais le choix n'est pas toujours très varié ; quant aux tailleurs indigènes, ils font, d'après modèle, des costumes en toile très convenables, mais dont l'élégance laisse parfois à désirer.

Le vêtement colonial doit être confectionné d'une étoffe ou d'une toile susceptible de mettre le corps à l'abri des influences atmosphériques et des souillures extérieures, et de le maintenir à une température constante. La flanelle ou le drap léger, la toile nationale et le drill blanc ou kaki de bonne qualité sont le plus à recommander.

L'Européen doit également se munir d'un casque en liège, en caoutchouc durci ou en aloès, pour se protéger la tête contre les rayons du soleil, et de lunettes ou binocles à verres coquilles, noirs, bleus ou fumés, afin de se garantir les yeux contre la lumière ardente et la réverbération.

Il est préférable d'emporter des chaussures de toile, qui seront utilisées pendant la saison sèche, ainsi que deux paires de souliers en cuir de très bonne qualité, pour la saison des pluies.

Au point de vue matériel, il vaut mieux se procurer des objets joignant la légèreté à la solidité. Pour la batterie de cuisine, par exemple, les articles en aluminium présentent les qualités requises. On ne devra emporter que le juste nécessaire comme verrerie et vaisselle, car ces objets très lourds et fragiles, encombrent bien inutilement les bagages.

Le colonial étant appelé à se déplacer fréquemment et à séjourner dans les localités où il n'existe pas d'hôtel et où, bien souvent, ne résident pas d'Européens, doit avoir un matériel de campement très simple, composé d'un lit pliant en bois ou genre Picot, d'un matelas très léger, d'une moustiquaire, d'une petite table et d'une chaise pliante.

Il devra également emporter une bonne moustiquaire pour lit à une place et une petite pharmacie portative comprenant : une seringue à injections hypodermiques, quelques ampoules de quinine et de sérum antivenimeux de Calmette (les serpents venimeux se rencontrent assez fréquemment dans toutes les régions du Togo), des comprimés de chlorhydrate de quinine à 25 centigrammes (quinine préventive journalière), 100 grammes d'élixir parègorique (une à deux cuillerée à café par jour, contre la diarrhée), quelques pilules laxatives d'aloès ou de podophyllin, un flacon de teinture d'iode à 1 pour 15 et des pansements aseptiques.

Il lui faudra se munir enfin de guêtres et de chaussures solides, qui protègent contre l'ankylostome, le ver de Guinée, la chique, etc., et aussi contre les morsures de serpent ; d'un vêtement imperméable, d'une couverture légère et d'un petit filtre Berkefeld à pompe.

*_**

VI. — PRINCIPALES MALADIES

Le paludisme est assez rare et relativement bénin.

La dysenterie est rare.

La maladie du sommeil n'existe pour ainsi dire pas.

La mauvaise alimentation chez les nourrissons, l'absence de précautions contre les refroidissements, l'alcoolisme et les maladies vénériennes, syphilis et blennorrhagie, font, chez les adultes indigènes, de nombreuses victimes. Un jeune Européen, débarquant au Togo, devra particulièrement se méfier des femmes de mœurs faciles et prendre les plus grandes précautions à ce sujet.

Le Service de santé lutte avec énergie, dans les milieux indi-

16. La maternité de Lomé en voie d'achèvement.

17. L'hôpital indigène de Lomé. Un groupe de pavillons à deux pièces.

gènes, contre les affections vénériennes, soit par les traitements médicaux, soit par des conférences et des conseils. Les guérisons rapides des lésions graves syphilitiques et du pian, par les méthodes modernes, ont frappé l'imagination des indigènes et les ont incités à venir de plus en plus nombreux à nos dispensaires.

CHAPITRE VII

Régime domanial. — Régime foncier
Séquestre des biens ex-ennemis. — Régime minier

I. — LÉGISLATION DOMANIALE

Le régime des terres domaniales a été organisé par le décret du
11 août 1920, modifié par celui du 6 décembre 1922. Un arrêté du
6 avril 1922, pris en conformité du premier de ces deux textes, a
déterminé les différentes catégories de terrain appartenant au
domaine privé et en a fixé les conditions d'aliénation. Cet arrêté
a surtout eu en vue le développement économique du territoire en
ménageant les intérêts particuliers des indigènes. Aussi, malgré les
controverses juridiques qui peuvent subsister sur la nature du
domaine dans les pays à mandat, son application n'a, jusqu'à présent, soulevé aucune difficulté.

Les terrains du Togo faisant partie du domaine privé de l'Etat
se répartissent entre les trois catégories suivantes :

1° Terrains ayant fait l'objet, au profit de l'Etat allemand,
d'une appropriation régulière ;

2° Terrains situés autour des villages sur lesquels les indigènes
pratiquent leurs cultures, recueillent ce qui est nécessaire à leur
existence, font paître leurs troupeaux, etc., mais sur lesquels ils
n'ont, en fait, qu'un droit d'usage et non de propriété ;

3° Terrains vacants et sans maître.

Les terrains urbains, réserve faite de ceux nécessaires à l'établissement des rues, avenues et places, et au fonctionnement des
services publics, sont allotis d'après un plan soumis à l'approbation du Commissaire de la République en Conseil d'administration.
Au plan de lotissement est joint le projet de cahier des charges
comportant, pour chaque lot, les conditions basées sur les circonstances locales qui paraissent, au Chef de circonscription, devoir
être imposées à l'adjudicataire ou concessionnaire.

Avis est donné au public de l'approbation du plan de lotissement et du cahier des charges, par le Receveur des domaines, par la voie du *Journal Officiel.*

Après un délai de deux mois, l'aliénation a lieu par voie d'adjudication publique, avec attribution des lots au plus fort et dernier enchérisseur.

Si un seul adjudicataire se présente, la concession est accordée directement aux conditions et prix minima figurant au cahier des charges.

Afin d'éviter l'accaparement et l'agiotage sur les terrains, deux restrictions seulement ont été apportées au libre droit d'acquisition :

1º Aucune personne ne peut se porter adjudicataire si elle possède déjà plus de deux lots dans la localité, soit sous son nom, soit sous celui d'un tiers ;

2º Tout adjudicataire doit s'engager, tant pendant la période d'occupation provisoire que pendant un délai de dix années, à compter de la délivrance du titre définitif, à ne louer ni céder, à titre onéreux ou gratuit, son lot à aucun particulier ni à aucune société déjà installée au Togo au moment où a été délivré ce lot. Exception est faite en cas de décès, de faillite ou liquidation judiciaire de l'adjudicataire.

Dans ce cas, les héritiers, créanciers ou acquéreurs devenus propriétaires, après avoir rempli les clauses du cahier des charges et après avoir été envoyés en possession du titre définitif, peuvent céder leurs droits de propriété à n'importe quelle personne ou société, à n'importe quelle époque, après approbation du Commissaire de la Republique.

En ce qui concerne les terrains ruraux, leur aliénation est prononcée par le Commissaire de la République quand leur superficie ne dépasse pas 1.000 hectares.

Ils sont divisés en trois catégories :

1º Terrains d'élevage et de cultures vivrières ;

2º Terrains de cultures moyennes ;

3º Terrains de cultures riches.

Toute demande, après constatation de la domaniabilité de la superficie, donne lieu à l'établissement d'un cahier des charges.

Demande et cahier des charges sont portés à la connaissance du public et, pendant le délai d'un mois, toute personne peut déclarer par écrit en accepter les conditions.

Dans ce cas, les terrains sont mis en adjudication et attribués, à titre provisoire, dans les formes prescrites pour l'aliénation des terrains urbains ; ils ne sont acquis, à titre définitif, qu'après exécution de la mise en valeur suivant les clauses insérées dans l'acte d'adjudication.

Contrairement à ce qui a lieu pour les terrains urbains, le droit de cession temporaire ou définitive, à titre onéreux ou gratuit, partielle ou totale, à autrui, du droit de possession provisoire, peut être accordé au concessionnaire, ou en cas de décès, ou de mise en faillite, ou liquidation judiciaire, à ses héritiers ou ses créanciers, par le Commissaire de la République en Conseil d'administration.

Des concessions de terrains ruraux, d'une superficie de 10 hectares au minimum et d'un seul tenant, peuvent être octroyées gratuitement aux indigènes à titre individuel ou collectif, aux conditions générales stipulées pour les attributions de terrains ruraux

* *

II. — RÉGIME FONCIER

Le régime de la propriété foncière a été organisé par le décret du 28 décembre 1912. Il institue un régime de transition, pour tenir compte des droits acquis sous l'empire de la législation allemande et rend applicables au Togo les dispositions du décret du 24 juillet 1906, qui a déjà subi les épreuves de l'expérience en A. O. F.

La conservation foncière du Togo a été instituée par arrêté du 28 février 1923. Le Conservateur est le Receveur de l'Enregistrement ; un géomètre et un traducteur assermenté ont été affectés à ce Service.

Un livre foncier a été ouvert pour chacun des six cercles : Lomé, Anécho, Atakpamé, Klouto, Sokodé et Sansanné-Mango.

* *

III. — SÉQUESTRE DES BIENS EX-ENNEMIS

Les biens allemands, placés d'abord sous le régime du séquestre administratif, ont passé sous celui du séquestre de guerre. Il est actuellement procédé à la liquidation des biens et valeurs ayant dépendu de 188 firmes et sujets allemands, placés sous séquestre par ordonnance du 6 février 1922. Les ventes d'immeubles s'échelonneront vraisemblablement jusqu'au commencement de l'année 1925.

Les enchères sont, en principe, ouvertes à tous, à l'exception des ressortissants des puissances qui ont été en guerre avec la France et ses alliés. Toutefois, seront également exclus des enchères, les personnes, sociétés de commerce, trusts, cartels, consortiums et en général toutes associations, mêmes occultes, de personnes ou de capitaux constitués en vue du commerce, qui sont déjà nantis d'un immeuble à usage commercial classé dans la même catégorie et situé dans la même localité que les immeubles mis en vente.

L'adjudicataire qui, pendant un délai de cinq ans, louera ou cédera à un titre quelconque un des dits immeubles aux personnes, sociétés ou associations ci-dessus désignées, sera considéré comme personne interposée.

En ce qui concerne les plantations, l'adjudicataire devra en continuer la mise en valeur et l'exploitation ; pendant cinq ans, il ne pourra ni les transformer ni en changer la nature ou la destination. Il lui sera interdit, en outre, d'employer des sujets allemands sur ces plantations pendant un délai de quinze ans.

Des exemplaires du cahier des charges ont été déposés tant à Lomé, chez le liquidateur, qu'à Paris, à l'Agence Economique du Togo, 37, rue Taitbout.

**

IV. — RÉGIME MINIER

Il n'a jamais existé d'exploitation minière dans la partie du Togo soumise au mandat de la France. Un décret du 23 octobre 1920 a cependant rendu applicables, en territoire, les dispositions des décrets des 6 juillet 1899, 4 août 1901, 19 mars 1905, 8 janvier 1916 et 28 juillet 1918.

Ces textes, dont les dispositions principales sont données ci-après, prévoient trois stades : exploration, recherche et exploitation.

Les gîtes naturels de substances minérales sont classés, relativement à leur régime légal, en mines et carrières.

Sont considérées comme carrières, les matériaux de construction et les amendements pour la culture des terres, à l'exception des nitrates et sels associés, ainsi que des phosphates

Sont considérées comme mines, les gîtes de toutes substances minérales susceptibles d'une utilisation industrielle qui ne sont pas classés dans les carrières.

On peut acquérir sur les mines, dans un périmètre déterminé, un droit exclusif d'explorer, de rechercher ou d'exploiter.

Dans les régions ouvertes à l'exploitation en vertu d'arrêtés du Commissaire de la République, il ne peut être acquis que des droits de recherche ou d'exploitation.

Dans les autres régions, il ne peut être procédé qu'à des explorations.

Nulle personne, nulle société ne peut entreprendre ou poursuivre en son nom des explorations, des recherches ou une exploitation sans une autorisation personnelle délivrée par le Commissaire de la République.

Les indigènes conservent leur droit coutumier d'exploiter les gîtes superficiels d'or et de sel, jusqu'à la profondeur à laquelle ils peuvent atteindre avec leurs procédés actuels.

Nul permis d'exploitation, de recherche et d'exploration ne peut donner droit d'entraver ces travaux.

Des explorations. — Les explorations ne peuvent avoir lieu en régions non ouvertes à l'exploitation que moyennant un permis spécial délivré par le Commissaire de la République.

La demande fait connaître, avec croquis ou carte à l'appui, les limites et l'étendue de la région sollicitée.

Elle n'est recevable que si elle est accompagnée du versement d'une somme de cinq centimes (0 fr. 05) par hectare de la dite étendue.

Le permis d'exploration donne le droit d'effectuer tous travaux de fouille, de sondage et de reconnaissance de toutes mines dans l'étendue de la région à laquelle elle s'applique.

Le permis d'exploration est valable pour deux ans ; il ne peut être prorogé, ni être cédé.

Des permis de recherches. — Les recherches ne peuvent avoir lieu qu'en vertu d'un permis délivré à la priorité de la demande.

Le permis donne le droit exclusif de faire tous travaux de fouille, de sondages, dans l'étendue d'un cercle de 5 kilomètres de rayon au plus, tracé d'un centre qui doit être rattaché à un point géographique défini d'une façon précise, tant dans la demande que dans le croquis qui doit lui être joint.

Avec sa demande en permis de recherches, l'intéressé doit déposer une somme calculée à raison de 10 centimes par hectare jusqu'à 1.000 hectares, 20 centimes par hectare jusqu'à 5.000 hectares, 40 centimes par hectare au-dessus.

Dans la recherche et l'exploitation de l'or et de gemmes par dragages dans le lit des fleuves et rivières, le périmètre de recherches, d'une étendue de 8.000 hectares au plus, est constitué, non plus par un cercle, mais par deux lignes droites ou polygonales, parallèles à l'axe moyen du cours d'eau, distantes de cet axe de 100 mètres au moins de chaque côté, et par deux normales à l'axe du cours d'eau.

Le permis de recherches peut être cédé à toute personne ou société munie de l'autorisation.

Une même personne ou une même société ne peut obtenir, simultanément, deux périmètres de recherches dont les centres seraient à une distance moindre que le double de la somme des rayons des périmètres, sans qu'aucun rayon de périmètre puisse être inférieur à 500 mètres.

Par dérogation à cette prescription, une même personne peut détenir simultanément des périmètres de recherches contigus, quand il s'agit de recherches dans le lit des rivières et des fleuves.

Des permis d'exploitation. — L'exploitation des mines ne peut avoir lieu qu'en vertu d'un permis délivré par le Commissaire de la République.

Aucun permis d'exploitation ne peut prévaloir contre un permis de recherches ou d'exploitation antérieurement octroyé.

Le permis d'exploitation donne le droit de faire, au fond et au jour, tous travaux et tous établissements nécessaires à l'exploitation de la mine et au traitement de ses produits dans un périmètre de forme rectangulaire, d'une étendue de 24 hectares au moins et de 800 hectares au plus pour l'or et les gemmes, et de 2.500 hectares pour toutes autres substances, le petit côté du rectangle n'étant pas inférieur au quart du grand.

Pour l'exploitation par dragages dans le lit des rivières, le périmètre d'exploitation, d'une étendue de 24 hectares au moins et de 800 hectares au plus, est constitué par deux lignes droites ou polygonales, parallèles à l'axe moyen du cours d'eau, distantes de cet axe de 100 mètres au moins de chaque côté, et par deux normales à cet axe.

A la demande en permis d'exploitation doit être joint un croquis indiquant l'orientation et la position du périmètre demandé par rapport à un point géographique défini d'une façon précise.

La demande, pour être recevable, doit être accompagnée du versement d'une somme calculée à raison de 2 francs par hectare de terrain compris dans le périmètre pour les permis d'or et de gemmes, et de 1 franc pour les permis de toutes autres substances.

Le permis d'exploitation est accordé pour vingt-cinq ans. Il peut être renouvelé dans les mêmes formes et pour la même durée.

Il peut être cédé à toute personne ou société munie de l'autorisation.

Aucune expédition d'or ou de gemmes ne pourra être faite par un permissionnaire d'exploitation de ces substances sans être accompagnée d'un laisser-passer détaché d'un registre à souche tenu par le dit permissionnaire. Ce laisser-passer indique les noms de l'expéditeur, du destinataire et du transporteur, la date de l'expédition, l'itinéraire qui doit être suivi et le poids et la nature de la substance transportée.

Il est dû sur la valeur, au lieu d'extraction des minerais, un droit qui ne peut excéder 5%.

18. L'hôpital indigène d'Atakpamé construit en 1923.

19. Le dispensaire de Tsévié.

CHAPITRE VIII

Régime douanier et régime fiscal. — Armes et munitions

I. — RÉGIME DOUANIER

Dans le but d'instituer, entre deux territoires peuplés d'une même race et dotés des mêmes ressources, une harmonie économique profitable à tous, Européens et indigènes, un nouveau régime douanier, calqué sur celui de la colonie voisine du Dahomey, sera mis en vigueur dans le courant de l'année 1924.

Ce régime sera basé sur un tarif spécifique, alors que le régime actuellement en vigueur au Togo, et qui résulte du décret du 24 novembre 1922, comporte à l'entrée un système de droits *ad valorem.*

Conformément aux dispositions de l'article 22 du Pacte de la Société des Nations, le régime douanier du Togo, quelles que soient ses modalités, ne comportera jamais aucun tarif différentiel au profit de la puissance mandataire et assurera toujours une égalité complète de traitement entre tous les Etats.

Voici quels sont les tarifs actuellement en application :

Tarifs d'importation. — A part quelques articles comme les spiritueux, les tabacs en feuilles, le sel, etc., qui acquittent un droit spécifique, les marchandises sont frappées d'un droit *ad valorem* calculé sur le montant net de la facture, défalcation faite de tous les frais postérieurs à la vente : emballage, assurance, transport, fret, etc.

(Voir le tableau page 82)

TABLEAU A

TARIF D'ENTRÉE

DÉSIGNATION DES ARTICLES	UNITÉ imposable	QUOTITÉ du droit
Tous spiritueux, boissons alcooliques, alcoolats, alcoolatures, teintures alcooliques, parfumeries alcooliques (pour ces dernières, tant que le droit sera inférieur au droit *ad valorem*), vins de liqueurs (à l'exception des vins ordinaires, mousseux, bières et cidres et des alcools dénaturés ..	hectolitre d'alcool pur	1.500 fr.
Vins de moins de 15° provenant exclusivement de la fermentation de raisins frais, vins mousseux.	*ad valorem*	10 %
Tabacs en feuilles............................	les 100 kg.	500 fr.
Sucres	—	40
Cacao en fèves	—	52
Sel marin, gomme	—	5
Poissons d'origine africaine (secs, salés, fumés, frits ou bouillis)............................	—	10
Noix fraîches de kolas	—	200
Alcools dénaturés.........	*ad valorem*	15 %
Tous les autres articles, exceptés ceux compris à la liste d'exemption	—	15 %

Tarifs d'exportation. — Le tarif des droits de sortie figure au tableau B ci-dessous. Les droits sont spécifiques. Ils remplacent en quelque sorte, l'impôt foncier. La mercuriale, fixant la valeur des produits à la sortie, permet l'établissement de statistiques plus sincères pour la balance commerciale. Elle n'a aucun effet sur la liquidation des droits de sortie.

Les cacaos en fèves sont exempts de droits de sortie.

(Voir le tableau page 83)

TABLEAU B

TARIF DE SORTIE

DÉSIGNATION DES ARTICLES	UNITÉ imposable	QUOTITÉ du droit
Amandes de palme..........................	tonne	20 »
Huile de palme.............................	—	30 »
Coprah	—	15 »
Coton en laine ou en masse..................	—	10 »
Sisal	—	16 »
Maïs en grains	—	5 »
Bœufs, vaches, taureaux	tête	15 »
Veaux....................................	—	7 50
Moutons, chèvres, porcs....................	—	5 »
Agneaux, chevreaux, porcelets...............	—	2 50
Volailles (dindon, canard, poulet, pintade).....	—	0 60

TABLEAU C

LISTE DES OBJETS EXEMPTS DE DROITS D'IMPORTATION

1. Tous les objets importés par le Gouvernement et pour son compte.

2. Tous les objets destinés au Service de la Marine et au Service des Postes.

3. Tous les objets importés par les missions, sociétés religieuses, institutions sanitaires, qui sont immédiatement destinés à servir à l'exercice du culte, à l'enseignement, au traitement des maladies.

4. Les bagages à main usuels et les divers effets ou parures usuels personnels accompagnant les voyageurs.

5. Vêtements, linge de corps et les menues provisions (ces dernières ne devant pas dépasser une valeur de 10 francs) que le voyageur a pour son usage personnel.

6. Vêtements et linge usagés autres que les articles de friperie destinés à la vente.

7. Engrais chimiques.

8. Articles d'emballage, caisses et tonneaux vides, même démontés, bouteilles vides, tissus et sacs de jute, feuillard avec rivets ou agrafes.

9. Animaux vivants, viandes et poissons frais, gibiers et volailles frigorifiées ou non.

10. Graines à ensemencer et plantes vivantes.

11. Machines agricoles et pièces de rechange, y compris le matériel nécessaire à l'élevage (selon leur classement au répertoire général des Douanes).

12. Machines et pièces de rechange pour l'exploitation minière et forage des puits.

13. Voitures de transport, camions-automobiles, charrettes à bras ou à traction animale, bateaux de transport avec ou sans moteur, matériel pour le chemin de fer portatif, y compris les wagonnets.

14. Charbons, cokes et briquettes, ainsi que le charbon de bois.

15. Instruments de physique, d'astronomie, de chimie, mathématique, optique et autres semblables destinés à des opérations scientifiques, ainsi que certains objets revenant des laboratoires et envoyés dans un but scientifique à des médecins ou à d'autres personnes, en particulier récipients pour collections et préparations fluides.

16. Instruments de chirurgie, appareils, bandes, médicaments. Ces derniers autant qu'ils seront importés par le Service médical de la colonie.

17. Livres imprimés, cartes de géographie.

18. Tous les objets d'habillement à l'usage personnel des employés ou officiers du Gouvernement, du Service des Postes, des sœurs et garde-malades des hôpitaux.

19. Cercueils, monuments funèbres.

20. Echantillons sur cartes, ou en coupures, mais ne pouvant être utilisés que dans ce but.

21. Monnaies et billets de banque de toute valeur (les thalers de Marie-Thérèse ne sont pas à comprendre dans la monnaie visée au paragraphe 21, mais sont passibles des droits de douane prévus au paragraphe 9 du tarif).

DÉTAXE

En vue de faciliter l'exportation des produits du cru et d'encourager le développement des relations entre le Togo et la Métropole, certains produits bénéficient, à leur entrée en France, d'un régime de faveur : franchise ou détaxe partielle.

Ce sont: huile de palme, amande de palme, graines de coton, coton en laine ou en masse, graines de ricin (franchise totale); cacaos en fève (détaxe de 50%), café 78 francs par cent kilogs jusqu'à concurrence d'une quantité maxima fixée chaque année par décret.

Pour l'obtention du régime de faveur dans la Métropole, les produits provenant du territoire du Togo doivent être accompagnés d'un certificat d'origine, établissant qu'ils sont réellement du crû et que les exportateurs possèdent des établissements au Togo, cette dernière clause pour les exonérer de la surtaxe de 1,10% établie par la loi du 31 juillet 1920, article 12.

***

II. — RÉGIME DES ARMES ET MUNITIONS

Un décret du 18 août 1922 réglemente l'importation, la vente, la cession et la détention des armes à feu et des munitions au Togo. Tout nouvel arrivant doit faire en douane une déclaration détaillée des armes et munitions qu'il veut introduire, et adresser ensuite une demande de permis au Commandant de cercle de Lomé. Celles-ci restent entreposées à la douane et ne lui sont rendues que sur le vu du permis de port d'armes.

La délivrance de ce permis est subordonnée au payement d'une taxe de 10 francs (première année) ou de 5 francs (années suivantes).

L'achat des munitions est également subordonné à une autorisation laquelle n'est accordée qu'aux possesseurs d'un permis de port d'armes. Le total des autorisations délivrées par année à un même individu ne peut dépasser 600 cartouches et 3 kilogrammes de poudre.

Il en est de même pour la vente, la cession et la détention d'armes, qui ne sont possibles qu'après une autorisation administrative.

L'achat des armes et munitions, en vue de la revente par les commerçants autorisés à en faire le commerce, est soumise à des conditions et restrictions très sévères et étroitement surveillées.

***

III. — PATENTES ET LICENCES

Un arrêté du 31 juillet a réglementé, ainsi qu'il suit, les patentes et licences:

I. — COMMERCES DIVERS

CLASSE	DÉSIGNATION des CLASSES	CATÉGORIE	NATURE des COMMERCES, INDUSTRIES ET PROFESSIONS	TAUX
1re	Transport	1re	Compagnie de chemin de fer..	1.800
		1re	Agent d'une Compagnie de navigation...............	1.800
		2e	Consignataire d'une Compagnie de navigation........	600
		1re	Comptoir principal ou unique.	1.800
2e	Exportation et importation	2e	Maison faisant directement l'exportation et l'importation (comptoir secondaire dans la zone côtière).......	500
		3e	Comptoir secondaire dans toutes les autres localités.....	125
		2e	Maison ne faisant que l'exportation ou l'importation (Comptoir principal ou unique).................	900
		3e	Comptoir secondaire.........	125
		3e	Maison s'occupant de colportage	125
3e	Autres commerces	1re	Etablissement de crédit, agence, succursale...............	1.200
4e	Ateliers, usines et manufactures	1re	Occupant au moins 20 ouvriers ou manœuvres	1.000
		2e	Occupant moins de 20 ouvriers.	400
5e	Travaux	1re	Entrepreneur des travaux publics...................	1.000
		2	Entrepreneurs des travaux privés	200

CLASSE	DÉSIGNATION des CLASSES	CATÉGORIE	NATURE des COMMERCES, INDUSTRIES ET PROFESSIONS	TAUX
6e	Autres professions	1re	Hôteliers ayant chambres, pension et café..............	500
		2e	Pharmaciens...............	500
7e	Tailleurs	1re	Tailleurs dans les centres de Lomé, Palimé, Anécho et Atakpamé...............	40
		2e	Tailleurs dans tous les autres centres..................	15
8e	Alimentation	unique	Boulangers et boulangères....	20
		»	Européens.................	400
			Commerce de bétail :	
		»	Indigène dans le Nord........	60
		»	Indigène à la côte............	125
		»	Débit de la viande de boucherie	40
9e	Artisans	unique	Horlogers, bijoutiers et photographes	40
10e	Traitants	1re	Acheteurs de gros et demi-gros des produits du cru........	500
		2e	Acheteurs au détail des produits du cru	150
11e	Détaillants	unique	Petits acheteurs de produits du cru et petits détaillants revendeurs et revendeuses. (Dans les cercles de la côte).	20
		»	Dans les autres cercles.......	10

II. — COMMERCE DE L'ALCOOL

CLASSE	CATÉGORIE	NATURE DU COMMERCE	PATENTES	LICENCES
1re	1re	Maison de commerce faisant l'importation de boissons alcooliques, spiritueuses ou fermentées, et fabricants de boissons alcooliques avec des produits d'importations, et établissements où l'on consomme avec table et chaises	800f	500f
	2e	Etablissements vendant des boissons alcooliques ou spiritueuses sur le comptoir ou à emporter.	100	500
	3e	Petits débitants de boissons alcooliques ou spiritueuses (contenance égale ou inférieure au litre)	75	300
	4e	Vendeurs de boissons fermentées de fabrication locale (dolo ou tchapalo), sous abri volant ou sous apatam	50	75

*
* *

IV. — IMPOT PERSONNEL ET TAXES DIVERSES

Tout individu possédant la qualité de citoyen français, ou jouissant dans son pays d'origine d'un statut analogue, est assujetti à un impôt personnel fixé à 30 francs par an, par arrêté du 29 octobre 1923, et à quatre journées de prestation, dont le taux de rachat est de 20 francs.

Outre ces taxes personnelles et le droit de permis de port d'armes, dont il a été question plus haut, il existe une taxe sur les véhicules fixée annuellement à :

50 francs par motocyclette ;

100 francs par camion automobile portant 400 kilogrammes ;

150 francs par camion automobile portant 1.000 kilogrammes ;

200 francs par voiture de tourisme.

20. Pépinière de cacaoyers.

21. Cacaoyère.

TROISIÈME PARTIE

CHAPITRE IX

Agriculture

I. — CONDITIONS GÉNÉRALES

Le Togo est un pays essentiellement agricole. C'est de l'exploitation de son sol qu'il retire la totalité de ses ressources, c'est du rendement de ses cultures que dépendent la prospérité de son industrie, qui est une industrie agricole, et le développement de son commerce, qui consiste dans le troc de ses produits agricoles contre des marchandises européennes.

Car si le commerce colonial revêt, dans l'ensemble, la forme du troc, cela est plus particulièrement exact au Togo où, à l'exception de quatre ou cinq grandes concessions, d'ailleurs peu étendues, actuellement sous séquestre comme biens ennemis, le mode d'exploitation du sol est celui de la petite tenure indigène.

C'est le petit cultivateur indigène qui cultive librement la presque totalité du sol du Togo ; c'est donc de son travail, de son initiative, de sa docilité à écouter les conseils de l'Administration que dépend l'avenir économique du pays : méthode dangereuse, dira-t-on, si l'on songe à la paresse naturelle de certains noirs, mais méthode autrement féconde que toute autre si une administration avisée cherche à développer dans l'esprit du paysan indigène, qui ne diffère peut-être pas foncièrement de l'esprit du paysan français, le goût de la propriété individuelle, l'attrait du gain. Et il semble bien que cette évolution dans la mentalité indigène soit en train de s'accomplir, tout au moins dans plusieurs régions, où la culture du cacao, notamment, assure à certaines propriétés un rendement considérable : tous ceux qui peuvent alléguer de vagues droits à la possession de ces terres n'hésitent pas à recourir à toutes les ressources des palabres pour les faire valoir.

Les cultures des pays exotiques se divisent en deux catégories nettement tranchées. Dans l'une entrent les cultures vivrières, celles qui sont destinées à assurer la subsistance de l'indigèn' et dont la production est à peu près limitée aux besoins de la consommation locale : le maïs, l'igname, le mil, le manioc, etc. La deuxième comprend les produits qui ne trouvent souvent aucun débouché dans la colonie et sont destinés à être exportés, en presque totalité, en Europe, comme matières premières destinées à être transformées et industrialisées ; ce sont, pour le moment, les seuls qui intéressent le développement économique du pays, et son évolution est étroitement liée à l'accroissement de leur production et à l'amélioration de leur qualité.

****

II. — RÉPARTITION GÉOGRAPHIQUE DES CULTURES

Suivant les influences géologiques ou climatériques, le Togo se divise en plusieurs zones au point de vue de ses productions agricoles :

1º La zone côtière ou maritime ;
2º La zone médiane ;
3º La zone du Moyen et Bas-Mono ;
4º La zone dite du « Massif du Togo » ;
5º La zone soudanaise.

1º *Zone côtière.* — Le Togo, comme la plupart des autres régions du golfe de Guinée, possédait autrefois des lagunes côtières dues à l'action combinée des apports alluvionnaires des cours d'eau et du flux violent de la barre. Cette région devait être très boisée, mais l'homme, en coupant sans mesure la forêt pour y faire ses cultures, a déterminé une érosion qui a eu pour conséquence le comblement des lagunes, dont certaines existent encore mais sont en voie de colmatage.

On trouve donc, en partant de la mer, une partie sablonneuse, celle correspondant à l'ancien cordon littoral ; une zone colmateuse retenant l'eau à sa surface à l'époque des pluies et se craquelant profondément en saison sèche, enfin un terrain d'une consistance tout autre, compact, de couleur rougeâtre, communément appelé terre de barre. Cette partie de la colonie, entièrement déboisée depuis des siècles, quoique se trouvant entre le 6e et 7e degré de latitude Nord, c'est-à-dire en pleine zone équatoriale, a subi des modifications climatériques qui la font ressembler aux régions beaucoup plus septentrionales de la zone soudanaise.

La flore est composée d'une brousse arborescente de faible taille où les baobabs émergent çà et là.

Les cultures sont celles du cocotier, qui forme des plantations très importantes sur le littoral, du cotonnier, du maïs, de l'ara-chide, du manioc et des haricots. Le palmier à huile y croît égale-ment mais sans exubérance.

Parmi les cultures qu'il serait possible d'y entreprendre ou qui existent déjà, citons celle de l'agave, du ricin, du tabac, du gom-mier.

2º *Zone médiane.* — La zone médiane, qui a sans doute été autrefois également boisée, est actuellement couverte d'une végé-tation semi–soudanaise où prédominent les graminées de grande taille : herbe à éléphant, *imperata*, des arbres comme le *lophira alata* ou mené, divers *parkia* ou nétté, l'*anogneissus*, donnant une teinture d'un beau jaune or utilisée au Dahomey, divers *sterculia*, le palmier à huile, dans les parties fraîches, enfin, d'autres palmiers, comme le ronier et le *phœnix sénégalensis*.

Cette région, sans relief accusé, au sol latéritique et à plan d'eau quelquefois très profond, convient aux cultures annuelles telles que le coton, le maïs, le manioc, les haricots, et pourrait porter les mêmes productions que la précédente, sauf en ce qui concerne le cocotier, qui y trouve un habitat moins favorable, et l'arachide un sol moins léger.

3º *Zone du Moyen et Bas-Mono.* — Analogue aux précédentes, elle en diffère par une humidité plus grande qui entretient une végétation arbustive plus compacte, à allure de haute futaie. Le palmier à huile y trouve des conditions d'existence beaucoup plus favorables et constitue des peuplements souvent très denses, sur-tout dans le cours inférieur du Mono.

Les apports alluvionnaires du fleuve permettent d'entreprendre des cultures plus riches telles que le caféier, le cotonnier, le tabac et la canne à sucre.

4º *Zone dite « du Massif du Togo ».* — Cette région est, sans contredit, une des plus favorisée du Togo. Elle est formée par une chaîne montagneuse dont les vallées profondes et humides sont encore couvertes en partie de luxuriantes forêts aux essences nom-breuses. Le sol, formé de la décomposition des roches micashis-

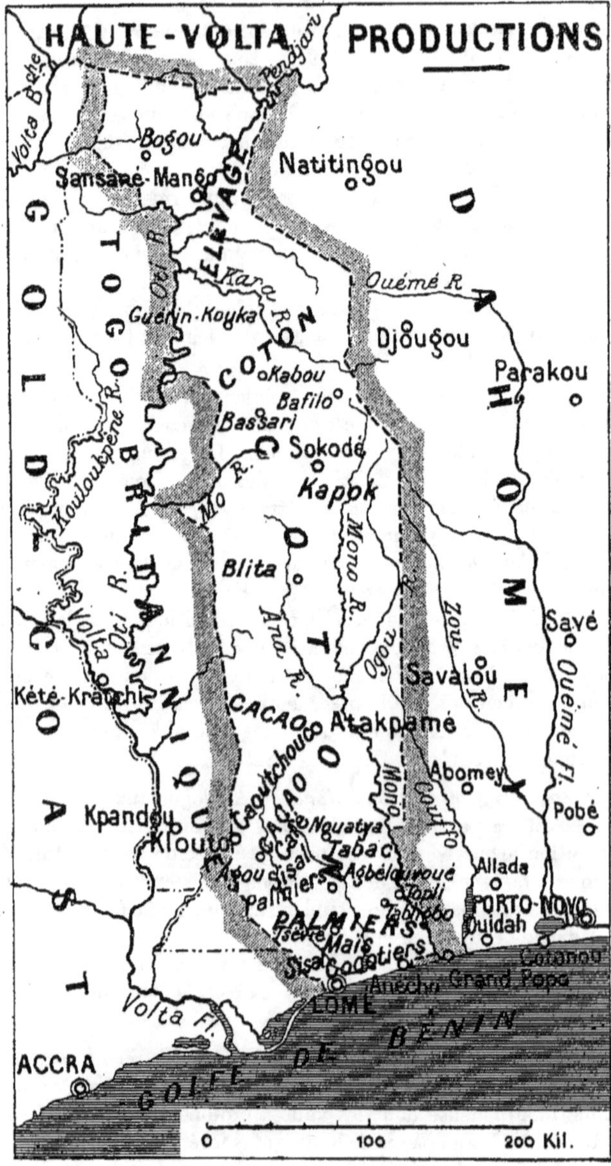

Fig. 8. — Carte des productions agricoles

teuses ou éruptives anciennes, y est généralement assez compact
et riche en humus. Traversée par de nombreux cours d'eau coulant
toute l'année, elle possède un climat beaucoup plus humide que le
reste du territoire ; la hauteur pluviométrique y est normalement
de 2 mètres, répartie assez uniformément, sauf pendant le mois de
décembre et janvier, où la sécheresse est complète.

On y trouve le *chlorophora excelsa* ou roco, dont le bois est com-
parable au teck ; le *khaya Togolensis*, qui donne un bel acajou, et
de nombreux autres bois d'ébénisterie ou de charpente : *Cola pro-
teiformis*, *Dumoria*, *Heckelii*, *Triplochiton johnsoni*, *Funtumia
africana*, etc. La plupart des cultures tropicales peuvent y être
entreprises avec succès. C'est dans cette région que se trouvent les
importantes plantations d'Agou.

La principale production est celle du cacao. Le cacaoyer trouve,
dans les vallées humides et au sol profond, des conditions favorables à son développement. Le caféier d'Arabie, donnant un produit analogue aux meilleurs mokas, est surtout cultivé dans les
régions élevées. On y trouve encore le palmier à huile, le cotonnier, le sisal, la canne à sucre et toutes les cultures alimentaires
telles que manioc, igname, maïs, patate, tarot.

5º *Zone soudanaise*. — Cette zone, peu favorisée au point de vue
de la pluviosité, comprend toute la partie nord du Territoire. Elle
est sous le régime climatérique soudanais, qui est une forme du climat tropical, c'est-à-dire divisée en deux saisons très nettes, l'une
humide et l'autre sèche, celle-ci presque aussi longue que la précédente. La flore y est composée d'une brousse arbustive tourmentée,
souvent épineuse, et de graminées.

C'est l'aire de végétation du karité, arbre de belle taille dont les
fruits donnent une matière grasse très estimée, utilisée par les
indigènes pour leur alimentation mais qui deviendra un produit
important d'exportation quand l'amélioration des moyens de
transport vers la côte les aura rendus plus économiques. Les cultures possibles ou existantes sont celles du coton, du mil, du dà
ou chanvre de Guinée, du sisal, du ricin, du tabac, du kapock,
des arachides.

Or trouve, dans cette région, un bétail relativement important. Le bœuf à bosse ou sans bosse et le cheval, qui ne peuvent
vivre sur la côte en raison de la mouche tsé-tsé, y trouvent un
habitat favorable à leur développement normal et à leur multiplication.

***

III. — PRINCIPALES CULTURES

a) PRINCIPAUX PRODUITS D'EXPORTATION

Palmier à huile. — Le palmier à huile est un arbre de port majestueux répandu dans tout le Bas-Togo mais particulière·ment abondant dans les zones humides de l'Akposso et du Moyen et Bas-Mono, où il forme des peuplements extrêmement denses, dans la région de Tokpli et dans celle d'Agou. Il affectionne les sols argilo-siliceux ou silico-argileux profonds, frais et même humides. Il est exploité, par peuplements naturels ou en cultures, pour ses fruits, dont le péricarpe fibreux contient une huile appelée « huile de palme », et pour l'amande contenue dans la graine et qui donne l' « huile de palmistes ».

On en distingue de nombreuses variétés encore assez mal connues et qu'on divise communément en coques dures et coques tendres, différant non par leur texture mais par leur épaisseur. On trouve aussi des palmiers donnant un fruit sans amande mais qui est une forme dégénérée et qui ne se reproduit pas faute de semence. Enfin on a observé des différences de forme, de coloration des fruits, de forme des feuilles donnant, dans chaque région, des variétés particulières.

Au Togo, les variétés principales sont : le *Sédé*, donnant un fruit vert qui devient rouge à maturité ; le *dechla*, à fruit noir devenant rouge à maturité ; le *de-dubakui*, dont la coque est particulièrement tendre.

La germination du palmier à huile est très longue et demande, en moyenne, six mois ; la transplantation est très délicate.

La production commence à 6 ans et le palmier est en plein rapport à 12. Cette production est très irrégulière, selon les années. On compte une bonne année, deux moyennes et une mauvaise. Il y a deux récoltes par an, la principale a lieu pendant la grande saison des pluies.

La préparaiton de l'huile de palme se fait de différentes façons, qui peuvent se ramener à deux types de procédés : par voie humide, et par voie sèche.

La première, qui est celle pratiquée par les indigènes et qui a été industrialisée par l'Allemand Haacke, consiste à débarrasser le fruit de sa rafle et de ses bractées, à le cuire, à déchiqueter le péricarpe par pilonage ou par tout autre moyen mécanique, puis à agiter la masse dans de l'eau bouillante. L'huile monte à la surface et est décantée soigneusement. On procède quelquefois à une seconde décantation : l'huile ainsi obtenue est bouillie afin de la mieux conserver.

La préparation par voie sèche est plus simple mais se fait à l'aide d'appareils plus perfectionnés. Elle consiste à débarrasser, comme précédemment, le fruit de la rafle et des bractées, puis à le faire cuire à la vapeur. Il est ensuite pressé dans des presses hydrauliques ou à vis. Ce procédé a été mis en pratique de diffé·rentes façons par de nombreux inventeu,s ou constructeurs. On peut citer les appareils Fournier, Ollier et Cie, Pericarp-Syndicate, de l'inventeur américain Trevor.

Tous ces procédés n'ont pas encore résolu, d'une façon purement mécanique et économique, les diverses opérations de la préparation de l'huile. La plus difficile à résoudre mécaniquement est l'égrappage qui se fait à la main et assez lentement, constituant, le principal obstacle à l'obtention d'une huile neutre. En effet, cette première opération a besoin d'être exécutée rapidement afin d'empêcher les enzymes, micro-organiques qui se trouvent naturellement sur les fruits, de commencer le dédoublement de la matière grasse, ce qui produit la mise en liberté des acides gras. Les Allemands avaient essayé de résoudre le problème en cuisant en entier les régimes aussitôt leur cueillette et leur transport à l'usine, afin de détruire les enzymes et empêcher leur action.

Les huiles indigènes ont toujours une forte proportion d'acidité, atteignant communément 25 à 30%, souvent plus, parce que l'indigène favorise le travail des enzymes en laissant les régimes pendant un jour ou deux avant de les traiter, de façon que les graines se détachent plus facilement des rafles, où elles adhèrent fortement à l'état frais.

Les bonnes huiles ne doivent pas dépasser 10% d'acidité, mais par les procédés industriels actuels on peut obtenir des huiles pratiquement neutres, c'est-à-dire n'ayant pas plus de 1 à 2% d'acides gras libres.

Après l'extraction de l'huile, il reste deux déchets, qui sont la pulpe et la noix. La première, séchée, peut servir de combustible ou d'engrais ; la seconde est d'abord séchée au soleil, puis concassée.

Le concassage est fait à la main par les indigènes, femmes et enfants, mais il existe des procédés mécaniques divers qui consistent à broyer la noix par compression ou à la faire éclater par choc. Ce dernier procédé est réalisé par l'appareil Adam Knox, qui peut être considéré comme le plus pratique et le plus rustique.

Les noix, projetées par la force centrifuge, vont frapper violemment une platine, où elles éclatent. Les débris de coque et les noix tombent sous l'appareil dans un récipient. Avec cet appareil, le travail est continu, sans engorgements possibles, et très rapide. Il serait désirable qu'il fût propagé parmi la population indigène.

Quand les noix ont été concassées, il faut séparer les débris de coques des amandes. Cette opération est faite à la main par les femmes et les enfants, chez les indigènes.

Il n'existe pas de plantations à proprement parler au Togo ; les indigènes propagent le palmier dans leurs cultures vivrières, ou tout au moins l'épargnent dans les débroussements, de telle manière qu'il arrive, après quelques cycles de culture sur un même sol, à atteindre une certaine densité sur les terrains qui lui sont propices.

La qualité des produits mis en vente sur les marchés d'Europe joue naturellement un rôle de première importance dans la fixation des cours, aussi est-il d'un intérêt primordial d'empêcher la sortie des denrées mauvaises ou mal présentées susceptibles de déprécier, dans la suite, toutes les provenances du Togo. C'est pour obvier à ce danger qu'a été organisé, par arrêté du 20 janvier 1923, un Service de vérification des amandes de palme, dirigé par la Chambre de commerce et placé sous la surveillance de l'Administration, dans le but d'interdire l'exportation des lots d'amandes mouillées ou contenant plus de 4 % de corps étrangers. Il est remis par le vérificateur, au producteur ou à l'expéditeur, un ticket indiquant le pourcentage du déchet et certifiant que le produit est exempt de mouillage. L'exportation n'est permise que sur la présentation de ce ticket aux agents de la Douane.

Les exportations d'amandes et d'huile de palme ont été les suivantes, en 1922 et 1923 :

	1922	1923
Amandes..	6.168.660 kg.	10.320.786 kg.
Huile.....	950.719 —	2.913.706 —

On peut estimer que ces chiffres représentent à peine le cinquième de la production possible du territoire. L'installation de quelques huileries (il n'en existe qu'une actuellement à Agou) aurait sans doute pour effet la mise en valeur de palmeraies jusqu'ici inexploitées.

La prolongation, présentement à l'étude, du chemin de fer d'Anécho vers le Nord-Est, à travers les riches régions du Mono, contribuerait enfin à donner un essor considérable aux exportations.

Cacaoyer. — C'est un arbre de petite taille, de la famille des sterculiacées, ne dépassant pas 6 à 8 mètres de hauteur, aimant les régions chaudes à température constante et humidité continue. Il ne peut vivre dans les régions où la saison sèche dépasse deux mois, à moins de se trouver dans une situation tout à fait spéciale, comme le fond d'un ravin humide ; il demande une hauteur pluviométrique de 2 mètres par an.

Le sol doit être profond, peu caillouteux, frais et même humide, mais où l'eau ne stagne pas.

Il est originaire des vallées chaudes du Mexique et a été répandu, en Afrique Continentale, depuis peu d'années ; au début, il fut importé dans les îles de San Thomé et de Fernando Po.

Le cacaoyer a trouvé, dans la zone de l'Akposso, des conditions favorables à son développement. Il forme des cultures importantes dans les vallées encaissées et bien irriguées de cette région.

La variété commune est dérivée du type *Amelonado* ; elle est assez rustique, très précoce et très productive, c'est elle qui donne le type commercial dénommé « Accra ».

La fleur est fine et délicate ; par contre, le fruit est une grosse baie charnue qui se développe principalement sur les grosses branches et sur le tronc. Elle contient de vingt à quarante graines disposées radialement autour d'un placenta central. La faculté germinative de la graine est de courte durée, il faut donc semer peu de jours après la cueillette du fruit.

La multiplication a lieu en pépinières. Les graines doivent être placées à environ 25 centimètres les unes des autres afin, que les plants ne soient pas gênés dans leur croissance. Les indigènes font d'habitude des pépinières dans un endroit humide, près d'un cours d'eau et au moment des pluies ; les graines sont très peu espacées et les plants ne reçoivent aucun soin. Dans ces conditions, ils se développent très mal et beaucoup meurent au moment de la mise en place, ou restent malingres et prédisposés aux attaques des parasites.

La transplantation doit se faire avec certaines précautions, car la reprise est très délicate. On choisira de préférence un jour pluvieux ou très couvert, au moment de la grande saison des pluies.

L'indigène ne fait pas de fosse à proprement parler, il creuse à peine le sol pour y loger le jeune plant. Il est préférable de creuser un trou de 60 × 80 × 80 qui sera comblé avec de la terre de sur-

7

face riche en humus et dans lequel on mettra le jeune plant. La distance à observer entre les arbres est de 3 ou 4 mètres. En général, l'indigène plante beaucoup trop serré. Dans les premières années, le cacaoyer se trouve très bien d'un faible écartement, car il étouffe plus facilement la végétation adventice. Par la suite, quand il acquiert son complet développement, il n'a plus l'espace suffisant et pousse en hauteur en formant un ou deux, quelquefois trois, verticilles nouveaux.

Les soins à donner consistent en nettoyages fréquents pendant les saisons pluvieuses, en paillages pendant la sécheresse. Les indigènes font l'inverse et ont aussi la fâcheuse habitude de biner la plante près du tronc, en saison sèche. Cette pratique est absolument néfaste, car les petites racines superficielles sont coupées, ou blessées et mises à nu. Il résulte de ces blessures une invasion plus facile des maladies cryptogamiques.

La taille doit être pratiquée d'une façon judicieuse, mais les principes en sont absolument ignorés par les indigènes, qui se bornent, le plus souvent, à enlever les gourmands du bas du tronc.

Le cacaoyer commence à produire vers l'âge de 3 ans ; il fructifie toute l'année mais donne deux récoltes principales par an, dont la plus importante a lieu, au Togo, pendant la grande saison sèche, en novembre, décembre et janvier.

On peut compter qu'un cacaoyer adulte, âgé d'une dizaine d'années, peut donner, en bonne culture, jusqu'à 3 kilogrammes de cacao sec par an, ce qui équivaut à une production approximative de 75 cabosses.

La préparation du cacao est très facile mais elle est, le plus souvent, mal faite par les indigènes, qui ne font pas fermenter les graines ou pratiquent cette opération incomplètement et dans de mauvaises conditions. Il n'y a pas lieu de s'arrêter à la description de ces procédés. La préparation rationnelle nécessaire à l'obtention d'un bon cacao peut se faire empiriquement par l'emploi de cuves en bois d'environ 1 mètre cube et qu'il ne faut pas dépasser. Le cacao doit être changé de cuve chaque jour, afin que la masse entière soit uniformément fermentée. Cette opération doit durer cinq à six jours, selon la température ambiante.

Après la fermentation, on peut laver les fèves pour en faciliter la dessiccation. Au Togo, où la saison sèche est très marquée, on peut se dispenser de le faire. Le séchage se fait au soleil, sur des plateaux montés sur rails, que l'on peut mettre à l'abri le soir et en cas de pluie, ou artificiellement, dans un hangar chauffé par les tuyauteries d'une sorte de calorifère.

Les indigènes font sécher le cacao sur des claies, au soleil, et quelquefois en allumant un brasier dessous. Ce dernier procédé est très mauvais, car il imprègne la matière grasse des fèves d'une odeur de fumée qui ne s'en va jamais et déprécie le produit.

Le cacaoyer est sujet à de nombreuses maladies et à l'attaque de parasites animaux. Le meilleur moyen de préservation est l'entretien minutieux des plantations et l'écartement suffisant des arbres, afin d'éviter un excès d'humidité, favoriser la ventilation et le passage de la lumière à travers la masse du feuillage.

Les caractéristiques d'un bon cacao marchand sont : d'être bien sec, craquer sous la pression entre le pouce et l'index, avoir une cassure nette et brillante. Le grain sera coté s'il est bien rempli et plus rond que plat.

Dans le désir de réaliser un gain plus considérable avec le minimum de peine, les indigènes ont eu le tort, ces dernières années, de chercher à multiplier le nombre des plants au lieu de s'appliquer à disposer les plantations en vue d'un bon rendement et de la bonne qualité du produit. Les pieds étaient généralement trop resserrés et s'étouffaient mutuellement. Les plantations, s'étiolant, étaient peu à peu envahies par la maladie, et on commençait à voir des producteurs découragés renoncer à la culture du cacao.

Cette situation est heureusement, à l'heure actuelle, en voie de transformation, grâce à la création d'un Service d'agriculture et d'un cadre de moniteurs agricoles chargés d'inspecter les plantations, de conseiller les indigènes sur la façon de les entretenir et de les améliorer, et de lutter partout contre les maladies. D'autre part, l'Administration a procédé elle-même à la création de pépinières, de plus en plus nombreuses chaque année, destinées à permettre la distribution gratuite, aux indigènes, de plants de bonne qualité. Il a été distribué, dans le cercle de Klouto-Palimé, 18.000 plants en 1923, et des pépinières plus importantes y ont été entreprises qui permettront de distribuer, en 1924, plus de 80.000 plants. Dans le cercle d'Atakpamé (région de l'Akposso), 5.000 plants ont été distribués en 1923 et 10.000 le seront en 1924.

Enfin, la Chambre de commerce a mis à l'étude un projet de contrôle des cacaos exportés, destiné à ne permettre la sortie du territoire qu'aux produits sains, secs, homogènes, purs et récoltés à maturité.

L'exportation, qui était de 228.000 kilogrammes en moyenne par an, de 1909 à 1914, a atteint 1.875.862 kilogrammes en 1921 et 3.324.502 kilogrammes en 1923.

Ainsi qu'il a été indiqué plus haut, au chapitre VIII, les cacaos originaires du Togo français bénéficient de la demi-détaxe à l'entrée en France (décret du 20 mai 1922). Ce texte prévoit toutefois que ce régime de faveur ne sera accordé qu'à une quantité limitée de ces produits, à déterminer annuellement par décret. Les quantités admises à en bénéficier ont été fixées, pour 1923, à 3.500 tonnes, et 4.500 tonnes pour la période du 1er janvier 1924 au 1er juillet 1925.

Cotonnier. — Le cotonnier est une malvacée appartenant au genre *Gossypium*. C'est un arbuste vivace, mais le plus souvent cultivé annuellement. Il demande un sol silico-argileux, sain, profond et fin. Il est peu exigeant au point de vue de la quantité d'eau, mais son rendement est considérablement augmenté s'il est irrigué. Il est nécessaire, par contre, que sa maturité coïncide avec une saison sèche bien marquée, afin que les pluies ne détériorent pas le produit.

Au Togo, le coton constitue une des principales cultures, mais le rendement est faible par suite des pratiques agricoles peu perfectionnées des indigènes. Il serait cependant possible d'améliorer la production par des façons culturales plus savantes et par des assolements bien compris. Des expériences, faites à la station de « Moor Plantation », en Nigéria, ont prouvé que le rendement pouvait être augmenté de 150 kilogrammes à l'hectare si la sole de cotonnier succédait à une sole de légumineuse. Il serait enfin possible d'augmenter considérablement le rendement par la pratique des engrais verts.

Les espèces cultivées dans le territoire se rapportent à trois types :

1º *Le Gossypium Barbadense*, qui a donné un type adapté aux conditions locales et dénommé, par les Allemands, « Togo Sea Island », plante grande, bien charpentée, tardive, la durée de végétation variant de 8 à 9 mois. La fructification est espacée et se prolonge jusqu'aux premières pluies de l'année suivante. Les feuilles sont grandes, à cinq lobes profondément découpées, sans poils ni sur le limbe ni sur le pétiole. Les fleurs, grandes, d'un beau jaune franc, ont une tache pourpre à la naissance des pétales, sur la face interne. Les capsules sont grosses, bien formées, à trois valves contenant six à huit graines nues et noires. Le coton est très adhérent, d'un blanc brillant, mi-rugueux au toucher, peu homogène ; les mèches de base de la graine ont de 18 à 20 millimètres, celles du sommet de 28 à 46 millimètres ; diamètre moyen

22. Concours agricole de 1923 à Palimé.

23. Concours agricole. Stand du coton.

24 millimètres, irrégulier. Proportion des fibres 32 à 33 %. Ce coton constitue la plus belle sorte d'Afrique, bien qu'ayant perdu en partie les qualités originelles du « Sea Island » américain.

Le « Togo Sea Island » est semé en poquet de 6 à 8 graines, pendant la grande saison des pluies, en avril, mai ou juin. On compte 40 kilogrammes de semences pour emblaver un hectare. La levée a lieu généralement le cinquième jour, la floraison trois mois après le semis, les premières capsules sont mûres à partir du cinquième ou sixième mois.

Il est à recommander de faire le semis au mois de juin, alors que la saison des pluies est très avancée, afin d'éviter que la fructification ne soit gênée par les orages violents de la petite saison des pluies.

On peut compter un rendement de 300 kilogrammes de coton brut à l'hectare, en bonne culture indigène, donnant à l'égrenage 100 kilogrammes de fibres.

Le *Gossypium Barbadense* existe souvent à l'état d'hybride avec les autres espèces, notamment avec le *Gossypium Hirsutum* et le *Gossypium néglectum*.

2° *Le Gossypium Hirsutum* se rencontre au Togo surtout dans la zone maritime ; c'est une plante moyennement branchue, à aspect buissonneux, très vivace et supportant, pendant de nombreuses années, le récépage. La fructification est très échelonnée. Les feuilles sont souvent à trois lobes, moins étalés que dans l'espèce précédente, recouvertes de poils, ainsi que le pétiole. Les capsules ont 4 valves, contenant 6 à 7 graines recouvertes d'un épais duvet blanc ou jaunâtre. Les fibres sont d'un blanc pur, à toucher un peu laineux, de longueur homogène de 18 à 22 millimètres et de diamètre moyen de 20μ. régulier ; elles sont très vrillées, nerveuses et très résistantes, donnant un beau coton middling courte soie. Proportion des fibres, 24 à 25 %.

Les conditions de culture sont les mêmes que pour le « Togo Sea Island », mais il ne paraît pas qu'il y a lieu de s'attacher à cette espèce, qui donne une proportion de fibres trop faibles.

3° *Le Gossypium néglectum,* sous espèce de *Gossypium herbaceum,* est une plante de taille plus réduite que les précédentes, à feuilles petites, à 3 lobes ; développement plus précoce, principalement dans la variété de Mango.

Le coton est régulier, très brillant, à toucher mi-soyeux, de longueur homogène de 22 à 25 millimètres ; diamètre moyen, 18μ, homogène, bien vrillé, très nerveux. Proportion des fibres 23 à 25 %.

Ce cotonnier dégénère vite et est peu résistant aux maladies.

Il n'est pas à propager, et, à cause de sa dégénérescence rapide, n'est pas à retenir pour la sélection.

Les principales régions de culture sont, dans l'ordre d'importance décroissante : le cercle d'Atakpamé, qui fournit plus des deux tiers de la production totale ; le cercle de Klouto-Palimé, et, enfin, ceux de Lomé, Anécho et Sokodé.

Le coton du Togo, tout d'abord déprécié sur les marchés par son manque d'uniformité, les impuretés et les taches qui le souillaient, dut être soumis à un contrôle sévère destiné à imposer aux producteurs un mode de présentation convenable. Un arrêté, pris le 9 janvier 1914, par le Gouvernement allemand, réglementait le classement en qualités du coton, son achat, son emballage. Ces excellentes mesures furent lettre morte dès le départ des Allemands ; aussi fut-il nécessaire de les remettre en vigueur, ce qui fit l'objet de l'ordre général N° 15, pris à compter du 15 janvier 1918, par le Gouvernement français.

Ces dispositions étant encore insuffisantes, il a été organisé, par arrêté du 20 janvier 1923, un Service de vérification analogue à celui qui a été institué à la même époque pour le contrôle des amandes de palme. La direction en a été confiée à la Chambre de Commerce de Lomé, sous la surveillance des administrateurs commandants de cercle. La Chambre de Commerce nomme des agents chargés d'expertiser le coton apporté sur les marchés et dans les boutiques. Ceux-ci ne délivrent de ticket de laisser-passer qu'au coton tout à fait blanc et propre, et ne contenant aucun corps étranger. Les propriétaires d'égreneuses, soumis également au contrôle des vérificateurs, sont tenus de refuser un produit qui ne serait pas couvert par un ticket. Le coton sortant des égreneuses est obligatoirement soumis à un nouveau contrôle des vérificateurs au moment de la mise en balle. Les propriétaires des balles reçoivent alors un ticket (de couleur différente) indiquant leur nom, le lieu d'origine du coton, le numéro des balles, la qualité du coton emballé, et dont la présentation aux agents de la Douane est nécessaire pour l'exportation du produit.

Les exportations, qui étaient de 583 tonnes en 1912, année normale d'avant-guerre, se sont élevées à 678 tonnes en 1922, et 766 tonnes en 1923 ; elles atteindront vraisemblablement plus d'un millier de tonnes en 1924. Elles accusent pour le 1er semestre 576 tonnes 427.

L'Administration s'est attachée, depuis deux ans, à développer la culture du précieux textile. En 1923, le cercle d'Atakpamé a parti 225.000 kilogrammes de graines de coton entre les cercles du territoire. En 1924, année en cours, il est procédé à de nouvelles et importantes distributions de graines sélectionnées, et un gros effort est en voie de réalisation dans le cercle de Sokodé, où 50 tonnes de graines vont être réparties entre les villages. Si l'on considère que ce cercle est peuplé de 300.000 habitants, on se représentera quelle extension la culture du cotonnier est appelée à y prendre dans un avenir peu éloigné et pour peu que les cours, en Europe, se maintiennent à un taux suffisamment rémunérateur pour le producteur.

Les graines distribuées en 1922 et 1923 provenaient de la station de Nuatja, fondée autrefois par les Allemands. Pour développer ces distributions sur une vaste échelle, cette station, placée sous la direction d'un agent européen, a pris, en 1923, un essor nouveau, et elle est devenue le principal centre de culture pour la production de graines de coton sélectionnées.

Le coton est, en effet, donné par une plante dont la reproduction est extrêmement instable, aussi la sélection des graines revêt-elle une importance toute particulière, d'autant plus que l'hybridation commençait à menacer sérieusement, en 1922, les plantations du territoire. L'Administration avait entrepris, tout d'abord, la sélection artificielle par un tri à la main. Mais devant les difficultés rencontrées pour propager, parmi les indigènes, l'adoption de ce procédé, qui ne présentait pour eux qu'une corvée désagréable à remplir, celui-ci a été abandonné pour faire place à la sélection naturelle sur pieds. Désormais, le produit des plants sélectionnés, du fait des caractères botaniques purs qu'ils présentent (fleur, feuille et graines), sera acheté par l'Administration, qui procédera à l'égrenage, puis, avec l'aide des graines ainsi obtenues, à l'ensemencement des plantations administratives des postes et des stations de Nuatja et Towé. C'est ainsi que celle-ci fourniront peu à peu, aux planteurs et collectivités indigènes, des semences qui, tout naturellement, se trouveront sélectionnées. Actuellement, plus de 5.000 plants de coton ont été choisis et marqués, la sélection portant sur les deux variétés locales du « Togo Sea Island » et *Gossypium Hirsutum*. Des résultats obtenus l'on jugera, par la suite, quelle est celle de ces deux variétés qui assurera le meilleur rendement, tant en qualité qu'en quantité.

Cocotier. — Le cocotier est un palmier très répandu dans la zone intertropicale, mais qui ne se développe normalement que dans le voisinage de la mer. Il donne de gros fruits réunis en grappes, en nombre variable selon le milieu et l'espèce, et pouvant atteindre la quantité de 10 à 15 noix.

Il demande un sol léger et sablonneux, et est peu exigeant sur la richesse du sol, à condition qu'il soit exposé à l'air salin.

La multiplication se fait à l'aide de pépinières. On enterre légèrement les noix choisies bien saines, non fendillées ni moisies, et bien mûres, ce qui se reconnaît en secouant la noix pour s'assurer qu'elle contient encore un peu de l'eau qui a constitué l'albumen. On les recouvre d'une faible couche de terre et on arrose de temps en temps.

La transplantation a lieu quand la jeune plante a 3 ou 4 mois; on a soin de mettre la noix dans une fosse, de façon que le plant soit bien vertical, afin d'éviter que les arbres poussent penchés. Recouvrir légèrement de terre, afin d'empêcher l'action desséchante du soleil, et enterrer peu à peu au fur et à mesure de la croissance. L'écartement doit être de 8 à 10 mètres entre les arbres ; l'espace intercalaire peut être utilisé pour des cultures secondaires.

Le cocotier commence à produire à 6 ans et est en plein rapport à 12 ans ; le rendement varie de 10 à 50 noix et peut aller jusqu'à 100 noix.

Au Togo, tout le littoral entre Lomé et Anécho est planté en cocotiers. La plupart des plantations sont de faible étendue et appartiennent aux indigènes, à l'exception des plantations de Kpémé et de Bagida, appartenant à des sociétés allemandes sous séquestre et qui sont louées actuellement à des exploitations indigènes. Celle de Kpemé couvre 450 hectares et donne environ 150 tonnes de coprah, celle de Bagida a 175 hectares et donne 50 tonnes de produit. De nombreuses plantations ont été faites en 1923, dans la région d'Anécho et plus particulièrement entre Anécho et Gunkopé, où elles couvrent une superficie de 5.000 hectares se succédant sans interruption le long de la côte.

La préparation du coprah se fait de la façon suivante, sur les domaines de Kpemé et Bagida :

On cueille les noix, qui sont mises en tas dans un endroit bien exposé au soleil. Quand la quantité atteint une dizaine de tonnes (5 à 6.000 noix par tonne), on procède à la fente des noix à l'aide de haches.

Les noix ouvertes restent exposées environ sept à huit heures, ce qui provoque, par dessiccation, une rétraction de l'albumen facilitant son extraction. Si l'opération n'a pu se faire en un jour, il faut retourner les noix pour que l'humidité n'altère pas le coprah pendant la nuit.

24. Poste de Klouto. Pépinière de caféiers.

25. Coupe de sisal.

Le séchage du coprah se fait en dix ou douze jours, sur une aire cimentée, en exposant le produit sur une simple couche et en ayant soin de le remuer au moins une fois par jour pour faciliter la dessiccation et la rendre uniforme. On bâche le tout pendant la nuit.

Les indigènes préparent le coprah de la même manière mais le font sécher sur des nattes qui sont mises à l'abri chaque soir.

Le coprah constitue un article important d'exportation du Togo et dont la quantité augmente dans des proportions considérables au fur et à mesure que les arbres entrent en rapport et acquièrent leur plein rendement. Les exportations se sont élevées, en 1923, à 1.128 tonnes, valant 1.066.000 francs, contre 740 tonnes, valant 740.000 francs, exportés en 1922, et alors que de 1909 à 1914 elles n'avaient atteint que 807 tonnes, soit une moyenne annuelle de 161 tonnes 500 pour tout l'ancien Togo.

b) PRODUITS SUSCEPTIBLES D'ÊTRE EXPLOITÉS AU TOGO

Sisal. — La variété d'Agave cultivée au Togo est celle appelée « sisalau », ou communément « sisal », originaire de la presqu'île du Yucatan. C'est la plus appréciée en raison de la supériorité en qualité, force, longueur et lustre de sa fibre, qui ne durcit pas à l'air et dont un brin peut subir une pression de 3 à 4 kilogrammes.

Le sisal exige un climat nettement tropical, il forme ses feuilles en saison des pluies et leur exploitation a lieu pendant la saison sèche. Préférant le climat continental, il demande un sol sec, même graveleux et caillouteux, et n'aime pas les terres argileuses, les bas fonds alluvionneux. Il craint particulièrement la stagnation de l'eau, qui le détruit rapidement, et ne pousse bien qu'en plein soleil.

La multiplication se fait au moyen des bulbilles provenant de la hampe florale ou, avec plus d'avantages, par les drageons pris autour des plantes adultes. Il est bon de mettre en pépinière jusqu'à ce que les jeunes plants aient atteint environ 30 centimètres de hauteur.

Les soins consistent en nettoyages, afin d'empêcher l'envahissement par les herbes, et à enlever les drageons qui fatiguent la plante.

La production commence à 4 ans. Le sisal vit de 8 à 10 ans ; après quoi il donne une hampe florale atteignant 6 à 8 mètres. L'exploitation doit cesser à ce moment-là.

On compte qu'un pied de sisal peut donner de 10 à 20 feuilles par an. Il faut traiter ces feuilles dès qu'elles ont été coupées, afin d'éviter leur durcissement par un commencement de dessiccation.

Il existe trois grandes plantations de sisal actuellement sous séquestre : celle d'Agou Togo s'étend sur 1.092 hectares, celle de Kpmé sur une centaine, et celle de Togo-Porto-Segouro sur une trentaine d'hectares. Toutes les trois, en fin d'exploitation, ont un rendement décroissant, au point qu'il faut envisager l'arrêt de la production dans un avenir peu éloigné, si une reprise immédiate n'est opérée.

Cette situation tient à ce que ces plantations n'ont pas été régénérées ou renouvelées pendant la guerre en l'absence des chefs d'exploitation. Au surplus, au cours de l'occupation militaire, soit anglaise, soit française, le séquestre chargé de les gérer devait légalement borner sa gestion à l'entretien des plantations existantes et n'avait pas qualité pour en entreprendre de nouvelles.

Les indigènes ne cultivant pas le sisal au Togo, ce produit y subit donc actuellement une crise très grave. Les plantations et usines de Togo (Agou) et de Kpémé vont être vendues dans le courant de l'année 1924 ; il est à souhaiter que les acquéreurs reprennent cette exploitation dont le rendement, à Togo tout au moins, a toujours été excellent.

La culture du sisal ne peut guère être pratiquée que par des moyens modernes et avec des capitaux. Elle pourrait être entreprise en grand et avec succès dans tout le Togo, mais conviendrait particulièrement à la mise en valeur de la zone médiane. Elle serait beaucoup facilitée par l'emploi de la motoculture.

Le prix de revient de la fibre de sisal est peu élevé ; avant la guerre, prête à embarquer, la fibre en balles n'excédait pas 175 francs la tonne. En Europe, le prix de vente variait entre 750 et 850 francs, laissant ainsi un joli bénéfice au producteur et au commerçant.

Les exportations, qui ont porté sur 277 tonnes en 1922, sont tombées à 98 tonnes en 1923.

Ricin. — Le ricin est un arbuste de la famille des euphorbiacées, cultivé pour ses graines, qui donnent une huile utilisée en médecine et pour le graissage des machines. Depuis quelques années, et surtout pendant la guerre, la consommation de l'huile de ricin a beaucoup augmenté, car elle constitue le meilleur lubréfiant connu pour le graissage des moteurs d'aéroplane.

Il en existe au Togo de nombreuses variétés, dont plusieurs spontanées ou subspontanées. Il pousse dans tous les terrains, mais se plaît mieux dans les sols frais, bien drainés et riches en humus. On le trouve souvent autour des villages, sur les détritus en décomposition. Une variété à gros grains, qui est la plus intéressante, donne à l'analyse 50% d'huile (48% d'après P. Ammann).

Les cultures ont été très importantes en 1917-1918, sur l'intervention administrative, à la suite des fortes demandes du ministère de la guerre. Mais, après la guerre, l'indigène a négligé cette production à laquelle il n'est pas habitué. Il serait cependant intéressant d'en propager la culture dans certaines régions, notamment dans les zones mi-humides, car dans les régions très pluvieuses la plante se développe en charpente au détriment de la productivité.

Caféier. — Plusieurs espèces de caféiers ont été introduites au Togo il y a quelques années. Le café d'Arabie, importé d'Amérique centrale, fait seul, présentement, l'objet de culture.

C'est un petit arbre de la famille des rubiacées, dont la floraison a lieu à l'aisselle des feuilles en éclosions successives. Le fruit est une baie charnue renfermant deux graines et qu'on appelle cerise en raison de sa ressemblance avec le fruit d'Europe. Contrairement à son nom, le café dit d'Arabie est originaire des régions de moyenne altitude d'Abyssinie. Il craint l'excès d'humidité, et les sols trop caillouteux empêchent le développement de son pivot.

Les soins à donner sont les nettoyages. On peut faire des cultures intercalaires qui payent l'entretien. Il faut avoir soin de couper la tige à 2 mètres, ou $2^m,50$, et de supprimer les gourmands. Favoriser le développement des branches du bas : la cueillette en est facilitée.

La récolte commence à être importante à 3 ans, le plein rapport est à 6 ou 7 ans. Dans de bonnes conditions, le rendement peut être de 1 kilogramme de café sec par arbre, mais il vaut mieux compter 500 grammes. La récolte doit se faire au fur et à mesure de la maturité, surtout pour l'Arabica, dont les fruits tombent facilement, ou sont, au Togo, attaqués par un insecte qui les vide.

La préparation est très facile. Elle se fait par voie sèche ou par voie humide. Pour l'Arabica, la méthode la plus pratique est celle communément employée par l'indigène du Togo. Elle consiste à faire sécher les cerises, puis à les pilonner dans le mortier indigène : la pulpe desséchée et la parche se séparent de la graine, et on opère ensuite la séparation par vannage. L'inconvénient de ce moyen rudimentaire de préparation est que de nombreux grains sont brisés ou aplatis. Il y aurait intérêt à introduire des machines qui seraient mises, dans les centres de culture, à la disposition des planteurs.

Le café du Togo peut être comparé aux bons mokas, il est cultivé surtout dans le « Massif du Togo » et, notamment, sur le plateau de Daye. La production est en voie d'augmentation, elle intéresse l'indigène et plusieurs maisons de commerce en ont acheté, en 1924, des quantités assez importantes.

Le seul inconvénient à la culture du café d'Arabie est sa délicatesse de constitution, qui ne lui permet pas de lutter dès qu'il est attaqué par les maladies et s'il ne reçoit pas les soins suffisants d'entretien. Pour parer à ce danger, un café du même type commercial a été introduit cette année au Togo et va être propagé. Ce café est un hybride *Stenophylla Kouillou* qui a été créé au Jardin d'essais de Niaouli, au Dahomey. Sa robustesse est plus grande et la qualité du grain excellente. Des pépinières ont été plantées, en 1923, dans les régions de Palimé, d'Agou et dans l'Akposso ; on pense pouvoir en distribuer gratuitement, dès 1924, plus de 80.000 pieds.

Une détaxe de 78 francs par 100 kilogrammes a été accordée pour 10 tonnes de café du Togo à l'importation en France, à partir de 1924.

Tabac. — Les indigènes du Togo cultivent le tabac surtout dans la région du Nord, où le produit d'importation arrive plus difficilement, mais la préparation en est très défectueuse.

Il pourrait être cultivé avec succès sur le Territoire. Plusieurs essais ont déjà été très concluants, notamment avec du tabac de Sumatra, à Zébé, près d'Anécho, puis à Nuatja, où les graines ne semblent pas avoir dégénéré. Le Sumatra y a donné 800 kilogrammes à l'hectare d'un tabac de cape, et le Burley 900 kilogrammes d'un bon tabac de coupe.

Le tabac trouve donc, au Togo, une aire de culture très favorable ; mais il serait nécessaire d'initier l'indigène à sa préparation, à moins qu'une entreprise européenne ne vienne s'installer pour acheter le produit vert aux planteurs indigènes et qu'elle le prépare elle-même.

Il y aurait lieu de s'attacher surtout à la production du tabac de coupe, qui est plus facile à produire que le tabac de cape.

Tout en recherchant la possibilité de cutiver, au Togo, un produit susceptible d'exporter, l'autorité mandataire se préoccupe de substituer au tabac importé pour la consommation indigène une variété locale présentant les mêmes qualités. Il est, en effet,

26. Concours agricole. Stand du maïs.

27. Concours agricole. Stand de l'igname.

importé annuellement une moyenne de 150 à 250 tonnes de tabac, valant 1.594.000 francs en provenance, pour la plus grande partie, des Etats-Unis.

Gomme. — Il existe, au Togo, plusieurs sortes d'acacia qui exsudent de la gomme. Celle-ci est de qualité variable, selon la plante qui la produit. Elle n'est pas cueillie par les indigènes, qui n'en connaissent pas encore la valeur, mais il y a là, pour l'avenir, une source certaine de profits.

Les acacias à gomme se trouvent dans les parties les plus sèches et rocailleuses du Togo, où ces arbres poussent à l'état spontané et ne sont d'aucune utilité.

Kapok — Il existe diverses sortes de kapokiers dans le Moyen et le Haut-Togo. L'espèce *Ceiba pentendra indehiscens*, distinguée déjà autrefois par les Allemands qui en avaient fait des cultures, a fait preuve sur les autres d'une supériorité indéniable et mérite d'être propagée. Ces fromagers à fruits indehiscents ont une fructification plus hâtive que celle du fromager ordinaire. Elle s'établit généralement entre la sixième et la septième année, mais on cite des arbres ayant fleuri à 3 ans et demi.

L'Administration s'intéresse à la diffusion de ces kapokiers, et des pépinières sont faites pour en assurer la répartition sur le Territoire. L'effort a porté jusqu'ici sur les plantations de Sokodé, qui ont été étendues en 1923 et le seront progressivement chaque année.

Les exportations se sont élevées à 2 tonnes en 1923. .

Canne à sucre. — La canne à sucre est une graminée de haute taille, cultivée pour ses tiges, dont on extrait la sève sucrée pour en faire du sucre ou du rhum. Le sous-produit, ou bagasse, peut servir d'engrais, de combustible, ou pour fabriquer de la pâte à papier.

Au Togo, la canne à sucre pousse très bien, surtout dans la zone du « Massif du Togo » et dans celle du Moyen et Bas-Mono, mais elle ne donne pas lieu à une exploitation industrielle. Elle est consommée par les indigènes, qui en sont très friands.

c) CULTURES VIVRIÈRES ET MARAÎCHÈRES

Maïs. — Le maïs croît dans d'excellentes conditions au Togo, où sa culture est très répandue dans toute la partie sud du Territoire, soit en champs d'un seul tenant, soit mélangé à une autre plante comme l'igname, le coton, l'arachide, ou quelque autre légumineuse ; il peut donner deux récoltes par an (août et novembre-décembre), les semailles se faisant en avril et septembre. La moyenne du rendement atteint une tonne et demie à l'hectare. Il réussit plus particulièrement sur les terres nouvellement défrichées et peut donner dans ces conditions plusieurs récoltes sans diminution sensible de rendement. La variété commune du pays est blanche et à grains de formes variables.

Les indigènes l'utilisent pour leur alimentation sous diverses formes, mais principalement comme « Akassa », sorte de pain de farine cuit à la vapeur dans des feuilles de bananier.

Au cours des années qui ont précédé la guerre, et malgré les bas prix offerts en Europe, il a été exporté jusqu'à 13 à 15.000 tonnes de maïs sur Hambourg, d'où il était réexpédié sur la côte d'Afrique sous forme d'alcool de traite. L'exportation n'a été reprise que très lentement après la guerre, en raison de la hausse excessive de frets, qui interdisent presque à ce produit pauvre l'accès des marchés européens ; toutefois, elle portait déjà sur 700 tonnes pour l'année 1922 et s'est élevée brusquement à 1.770 tonnes en 1923. Elle ne tardera certainement pas à atteindre les chiffres d'avant-guerre, à moins que le développement de cultures d'exportation plus rémunératrices ne vienne absorber plus particulièrement l'activité du producteur indigène.

Manioc. — C'est une euphorbiacée très répandue sous les tropiques et qui trouve au Togo, principalement dans les zones humides, un terrain très favorable. Très facile à cultiver, le manioc demande peu de soins et donne un rendement important, qu'on peut estimer à 15 ou 20.000 kilogrammes à l'hectare pour les cultures indigènes, peu soignées et sans engrais.

Aux premières pluies, des boutures de 10 à 15 centimètres sont mises en terre, à la densité moyenne de 10.000 à l'hectare. Quand la reprise est faite et que les tiges sont assez grandes, on procède à un nettoyage du sol, puis, quand la plante a atteint son complet développement, à un butage. La récolte peut se faire jusqu'à 15 et 18 mois sans inconvénient, après quoi les racines se lignifient et la matière amylacée peut se résorber.

Au Togo, la récolte a généralement lieu vers le huitième ou dixième mois, alors que la racine n'est pas entièrement développée, qu'elle est très tendre, riche en eau et pas du tout lignifiée. Celle-ci, d'abord débarrassée de son enveloppe corticale, puis râpée, sert à préparer le « gari » ou farine de manioc, par dessèchement sur une surface en terre cuite chauffée. Ce gari constitue la base de l'alimentation, à l'égal du pain, dans une grande partie du pays.

On découpe également les racines en rondelles ou cossettes plus ou moins grossières, qui sont séchées et pilées pour être converties en farine, qui est elle-même transformée de diverses façons pour la consommation.

Le manioc alimente un gros commerce entre indigènes et est exporté en quantités importantes sur les pays voisins (512 tonnes en 1923).

A Porto-Segouro, entre Lomé et Anécho, il sert à la fabrication d'un tapioca fort apprécié dont la fabrication n'attend que des débouchés pour s'étendre.

Igname. — L'igname est une des plantes alimentaires les plus estimées des populations du Togo. C'est une liane de faibles dimensions et de formes variables suivant l'espèce. La racine, très riche en fécule, est de grosseur et de forme différentes, mais pouvant atteindre, chez certaines espèces, près de 1 mètre de long sur 15 à 20 centimètres de diamètre.

On la consomme généralement cuite à l'eau, pilée ou non, ou bien sous forme de rondelles frites. L'Européen peut l'employer comme succédané de la pomme de terre et la manger soit frite, soit en purée.

Elle pourrait être exploitée avantageusement pour la préparation de fécule ou d'alcool.

Arachide. — Au Togo, l'arachide est cultivée dans toutes les régions pour satisfaire aux besoins locaux. Le sol du Bas-Togo léger et sain paraît lui convenir tout particulièrement. Aussi l'Administration a-t-elle songé à en développer la culture dans cette région en vue de l'exportation. A cet effet, des graines destinées à être distribuées aux indigènes ont été demandées en Nigéria et au Sénégal.

Légumes. — Les plantes potagères des pays à climat tempéré peuvent, pour la plupart, être cultivées avec succès au Togo. Il est prudent toutefois de leur donner certains soins particuliers en abritant soigneusement les jeunes pousses sous des clayonnages ou des feuilles de palmiers, soit contre les rayons du soleil pendant les heures chaudes de la journée, soit contre les pluies qui, dans les pays tropicaux, tombent parfois avec une violence égale à celle des forts orages à grêle.

Dans les terres sablonneuses, à climat sec, la bonne période de culture est celle de la saison des pluies, tandis que dans les terres plus lourdes et à climat humide on obtient de meilleurs résultats en saison sèche, à condition de protéger les plantes contre l'harmattan, vent desséchant du Soudan, par des arrosages ou binages fréquents et des abris placés le plus près possible du sol.

Le jardin potager doit être l'objet des soins attentifs de l'Européen, car les bons jardiniers indigènes sont rares au Togo. On ne saurait trop conseiller à tout Européen d'emporter, en quittant la France, quelques graines potagères qui lui permettront, en faisant un petit jardin potager, d'améliorer son existence matérielle et d'occuper sainement et agréablement ses loisirs.

D'une façon générale, les légumes d'Europe entrent pour une faible part dans la nourriture des indigènes, bien qu'ils en soient très friands, sans doute parce qu'ils ne savent pas les cultiver. Dans chaque cercle, l'Administration possède un jardin. A Nuatja, la station agricole comporte un magnifique potager, où le personnel est dressé à l'entretenir. Suivant l'exemple qui leur est ainsi donné, quelques indigènes de la localité commencent à s'adonner à la culture maraîchère et il est permis d'espérer que cette région deviendra bientôt un centre potager suffisamment important pour approvisionner, pendant la plus grande partie de l'année, le marché de Lomé en légumes.

Fruits. — A peu près toutes les espèces de fruits tropicaux se rencontrent également dans la plus grande partie du Togo : ananas, mangues, bananes, papayes, oranges vertes, pamplemousses, avocats, etc. La récolte suffit largement aux besoins du pays et ils sont très demandés pour l'approvisionnement des bateaux de passage.

28. Troupeau de bœufs.

CHAPITRE X

Élevage. — Bois. — Chasse. — Pêche

I. — ÉLEVAGE

L'élevage constitue, au Togo, une richesse d'avenir sur laquelle
l'attention de l'Administration n'a pas manqué de se porter. Le
cheptel, et principalement le cheptel bovin, quoique encore peu
important, est susceptible de s'accroître aussi bien en quantité
qu'en qualité. A ce point de vue, le Togo peut être divisé en deux
zones :

La zone côtière ;

La zone soudanaise.

La première part de la mer pour aller jusqu'à 250 à 300 kilomètres de la côte ; c'est la région de la mouche tsé-tsé. Elle est
caractérisée par des espèces animales petites à faible développement osseux. On y trouve disséminés des capridés trapus, bas sur
pattes, des moutons à poils, assez bien conformés, des porcs du
type ibérique chez lesquels on retrouve quelquefois des traces de
croisement avec le type celtique importé d'Allemagne et qui en
ont gardé une plus grande aptitude à l'engraissement.

Les bovidés sont rares et représentés par une petite race dite
des Lagunes, la seule résistant à la trypanosomiase. Elle est caractérisée par un squelette fin, une taille très petite, ne dépassant
guère 1 mètre au garot, une croupe avalée, des masses muscu-
laires peu développées. Ces animaux ne peuvent travailler. L'aptitude laitière est médiocre. En raison de la finesse du squelette,
l'aptitude à la boucherie est bonne. Race rustique, mais peu pro-
lifique.

On trouve encore des poulets, canards, pintades, pigeons, din-
dons et des oies importés.

La zone soudanaise possède des types plus élevés, au système osseux plus fort. Les races bovines du Soudan y trouvent des conditions normales d'existence, et l'élevage constitue, pour les deux cercles du Nord, Sokodé et Sansané-Mango, une richesse qui s'accroît en raison directe du profit qu'en retirent les indigènes, propriétaires ou éleveurs.

Le cheval, généralement de petite taille, y vit dans de bonnes conditions. Il est très rustique et résistant.

Le recensement effectué en 1922 donnait, pour Sokodé, 6.000 bœufs, vaches et taureaux, 14.000 moutons et 16.500 chèvres. Pour Mango, l'on comptait 26.506 bovins, dont 10.006 bœufs et 16.400 vaches, 42.800 chèvres, 32.600 moutons et 676 chevaux, soit au total un troupeau de 32.500 bovins, 46.600 moutons et 58.899 chèvres. Encore faut-il considérer que, sauf pour les chevaux, ces chiffres restent au-dessous de la réalité, l'indigène ayant une tendance fort marquée à dissimuler une partie de son bétail.

Les épidémies de péripneumonie ou de peste bovine, et même la mouche tsé-tsé, ont jusqu'ici fortement décimé ces troupeaux. Toutefois, devant les mesures énergiques prises par l'Administration locale, les épidémies paraissent diminuer d'intensité ou, du moins, ne pas dépasser certaines régions et s'y cantonner.

Quoi qu'il en soit, on ne parviendra à lutter efficacement contre les épizooties (péripneumonie ou peste bovine) qu'en organisant tout à la fois un Service vétérinaire et une police du bétail en liaison étroite avec celle des colonies voisines. Le Service vétérinaire a été confié à un vétérinaire venu de France avec des couples reproducteurs de lapins, ovins et porcins.

Dans le but d'accroître le cheptel bovin, un arrêté du 25 septembre 1922 a organisé un système de prêts gratuits aux indigènes de têtes de bétail provenant de troupeaux administratifs formés à Lomé, Anécho, Klouto et Atakpamé. Une dizaine de prêts ont été consentis dans ces conditions à des indigènes des cercles de Klouto, Atakpamé et Anécho. Les résultats ont été satisfaisants et ce système sera progressivement étendu dans chaque canton.

*
* *

II. — BOIS

Le Togo possède très peu de forêts, aussi la question de l'exploitation des bois pour l'exportation n'a-t-elle pas lieu de se poser. Seule la région montagneuse de l'Ouest, est encore en partie couverte de surfaces boisées susceptibles d'être utilisées pour la consommation locale. Pour éviter d'avoir à déplorer plus tard les effets néfastes du déboisement, l'Administration mandataire a mis des entraves à leur exploitation abusive en soumettant l'abattage à une taxe variable d'après la valeur marchande des diverses essences. Elle s'est également attachée à étendre les plantations forestières entreprises par les Allemands.

Il existe cependant une grande variété d'essences spontanées utilisables, soit pour l'ébénisterie de luxe (ébène, acajou, etc.), soit pour la menuiserie et la charpente (rocco, rônier, etc.).

Nous ne citerons que les principales :

Le *Chlorophora excelsa* ou Rocco (sogo Asagu en ewé, Ukloba en Akposso) atteint une hauteur de 50 mètres, avec un diamètre de 1ᵐ,50 à hauteur de poitrine. Il donne un bois de construction excellent par suite de l'extraordinaire force de résistance de son aubier contre les influences atmosphériques et contre les ravages des termites ; assez lourd, à grain fin, montrant quand on le coupe une surface unie et brillante, se laissant bien polir, il est aussi très utilisable dans la menuiserie.

L'*Afzelia Africana* (Papao en ewé, Ikpami en Akposso) s'élève jusqu'à 40 mètres et atteint 1 mètre de diamètre à hauteur de poitrine. La seule partie utilisable est le cœur, très résistant, mais se laissant facilement scier et polir, de couleur rougeâtre ; il est à recommander pour la construction des ponts.

Le *Khaya Klainii*, appelé encore acajou d'Afrique ou caïlcedrat, atteint 50 mètres de haut. Le bois, de couleur rougeâtre, très lourd, est néanmoins facile à scier ; il est connu dans le commerce sous le nom de Mahogani africain ; c'est un bois de menuiserie.

L'*Erythrophloeum guineense* (Isa en ewé) atteint une hauteur de 40 mètres. Le cœur, très dur, de couleur brun foncé, est très résistant contre les influences atmosphériques et contre les termites, mais il se laisse difficilement travailler à la scie et au rabot.

Le *Diospyros mespiliformes* (en ewé Djeti, à Atakpamé Dongko) atteint 40 mètres de haut. L'aubier, de couleur brun foncé, presque noir, est connu dans le commerce sous le nom de *bois d'ébène*. La partie du tronc qui entoure l'aubier donne un bois à grain assez fin, blanc, parsemé de raies roses ou rouges, se laissant assez bien travailler.

L'*Anogeissus leiocarpus* (Echeche en ewé, Oga en Akposso) est

surtout un arbre de clairières et se rencontre assez fréquemment
dans la brousse. En forêt, il atteint 40 mètres de haut. Le bois, de
couleur grisâtre, est très dur et très résistant contre les agents
atmosphériques et contre les termites, mais çà et là il présente
des incrustations irrégulières et noirâtres résultant d'anciennes
blessures, ce qui empêche une utilisation commerciale de cet
arbre.

Le *Ceiba pentandra* (Wu en Ewé, Ju en Akposso) est l'arbre à
kapok, appelé encore fromager, ou faux cotonnier, dont il a été
déjà parlé.

Le *Borassus flabellifer* (Ago en ewé, Oggo en Akposso) est connu
sous le nom de *rônier*. C'est un palmier dont le bois est très résistant contre les agents atmosphériques et contre les insectes. Il
est très utilisé dans la construction des ponts et des poteaux télégraphiques.

Le *Pterocarpus erinaceus* (Doti en ewé) ou *bois de Santal rouge
d'Afrique*, d'une hauteur de 15 à 20 mètres. Le bois, à grain assez
grossier, de couleur rose chez les jeunes arbres et rouge vif chez
les adultes, est dur. Les indigènes en tirent une teinture rouge.

Le *Daniella thurifera* (Lipiti ou Dsati en ewé, Auwolo en
Akposso) donne une résine d'où l'on peut tirer du savon et de la
reste à expérimenter si ces produits peuvent être
obtenus en assez grande quantité et avec assez de pureté pour
donner naissance à une exploitation industrielle.

Le *Butyrospermum Parkii* (Jotsa ou Jo en ewé), connu sous le
nom de karité ou arbre à beurre, est un arbre dont l'aspect général
rappelle celui du chêne d'Europe.

On remarque encore dans la brousse :

1° Une variété d'acacia, petit arbre de 5 à 6 mètres de hauteur, qui laisse couler un peu de gomme quand l'harmattan souffle
et fait fendiller l'écorce ; 2° une variété du genre de *Cassia*, con-
nue sous le nom de *Caneficier*, petit arbre d'une dizaine de mètres
de hauteur, à gousses contenant une graine d'où l'on tire un pur-
gatif ; 3° une variété du genre *Spondias* (pommier de Cythère),
arbre de 20 mètres de haut, à feuilles caduques, dont le fruit res-
semble à un citron, mais à un goût de térébenthine ; 4° le *Lophira
alata* ou *Mene*, arbre oléifère ; 5° enfin plusieurs variétés du genre
Ficus.

Les Allemands avaient fondé, en 1907, à la limite ouest du
canton de Nuatja, entre l'Haho et le Baloe (mais sur le territoire

de Klouto) une station forestière. Les expériences qu'ils y ont faites ont donné les conclusions suivantes en ce qui concerne le repeuplement de certaines espèces d'arbres :

Le *Chlorophora Excelsa* ou *Rocco* germe en semis sous couche de bonnes semences, dans la proportion de 100%. Au bout de deux mois, de jeunes plants peuvent être replantés si la saison des pluies n'est pas trop près de sa fin. La culture par semis direct dans la brousse ne donne aucun résultat. Il est préférable d'attendre que le plant ait un an avant de le transplanter, car, au contraire de la plupart des autres arbres, les plants les plus forts et les plus vieux sont ceux qui résistent le mieux à la transplantation (10% de déchet seulement). En replantant de jeunes arbres, il faut leur réserver un espace libre de 4 mètres carrés, le sol doit être peu humide.

L'*Erythrophloeum guineense* germe des semences dans la proportion de 80% ; mais la période de germination est très longue, un mois et demi au plus tôt, parfois un an. On obtient, avec cet arbre, d'aussi bons résultats en procédant à des semis directs dans la brousse. Si la semence est bonne, il suffit de semer cinq semences par mètre, dans les rangées de la pépinière, et généralement on obtient deux à trois plants sur cet espace.

Le *Khaya Klainii* ou Caïlcedrat a des semences qui ne gardent pas longtemps leur capacité de germination. Celles qui sont parvenues à maturité fin décembre doivent être ensemencées en mai au plus tard. Le semis direct dans la brousse donne de bons résultats. Dans les semis de la pépinière, par suite de la fragilité des semences, il est recommandé d'en mettre dix par mètre ; cet arbre se laisse bien replanter, le déchet n'atteignant que 15% ; il faut choisir un sol humide, à eau courante et non stagnante, ce qui entraverait le développement des jeunes plants.

En même temps qu'il était procédé à des essais de plantations d'essences originaires du Togo, les Allemands s'efforçaient d'acclimater dans le pays plusieurs essences étrangères, dont certaines ont trouvé au Togo une aire de culture très favorable. Ces plantations ont été reprises par l'Administration française et progressivement développées.

C'est le teck qui s'est plus facilement acclimaté. Le *Tectona Grandis* ou *Teck* est un grand arbre droit à feuilles larges et caduques. Il fournit un bois recherché dans les constructions navales à cause de sa légèreté, de sa solidité et de sa très longue durée au milieu humide ; il est de couleur grise, à odeur agréable, se développe assez rapidement en hauteur, mais le diamètre du tronc ne s'accroît qu'avec lenteur. La croissance du diamètre du tronc progresse ainsi :

A   19 ans............................... $0^m,45$
A   45 ans............................... $0^m,90$
A   90 ans............................... $1^m,35$
A 150 ans............................... $1^m,80$

Ce n'est guère qu'après cent ans d'âge que le teck est vraiment exploitable.

Importé en 1901, il a été planté dans des régions différentes aussi bien par le climat que par le sol. Toutefois, on a remarqué que le développement est plus rapide dans le Sud ; par contre, le bois obtenu est de meilleure qualité dans le Nord. C'est, en effet, dans la plantation de Bassari que les plus beaux échantillons ont été trouvés ; aussi est-ce surtout dans cette région qu'on s'efforce d'en étendre les plantations. En 1923, 6.325 nouveaux tecks ont été plantés dans le cercle de Sokodé, où se trouvent cinq plantations entreprises de 1906 à 1912 à Sokodé, Bassari, Mara, Mo-Pempeu et Tchatchamané Les autres plantations sont celles d'Atakpamé (25.000 pieds), qui date d'une quinzaine d'années, celles de Zébé, Tabligba et Tokpli, dans le cercle d'Anécho, et celle de Klouto.

A Lomé, il a été fait avec des filaos (*casuarina equisoti-folia*) un essai très intéressant de reboisement dont on peut constater les heureux résultats devant le palais du Gouvernement. La zone côtière pourrait être utilement complantée de ces arbres qui régénèrent rapidement des régions complètement arides et sablonneuses.

***

III. — CHASSE

La faune du Togo est assez abondante et très variée en gros et petit gibier. Parmi les animaux qui peuvent servir à l'alimentation des Européens, citons les nombreuses espèces d'antilopes, le sanglier d'Afrique ou phacochère, le lièvre, de petite taille, qui ne vit que dans certaines régions, l'agouti, l'écureuil ou rat palmiste, divers oiseaux dont la perdrix, la pintade, la gelinotte, le canard, le pigeon vert, la tourterelle, etc. L'indigène consomme toutes les

viandes : serpents, crocodiles, iguanes, éléphants, etc., à moins
que les coutumes de sa race ou sa religion ne lui interdisent.

Les indigènes sont très chasseurs. Ils possèdent de nombreux
fusils à pierre qu'ils chargent par le canon ; mais, rationnés en
poudre, ils utilisent aussi des flèches imprégnées de strophantus
et des pièges achetés aux maisons de commerce européennes.

Parmi les animaux dont la dépouille est précieuse, citons les
panthères, le chat-tigre, les singes noirs, la loutre d'eau douce, la
civette porte musc, le marabout, les aigrettes.

Le lion, la hyène, le chacal, le loup d'Afrique ou chien de
brousse se rencontrent dans les cercles du Nord. Il existe également quelques éléphants dans la région de Bismarkbourg.

Les indigènes chassent en commun dans la période des feux de
brousse (décembre-janvier), alors que les animaux, affolés, fuient
le feu. En temps normal, ils ne chassent qu'à l'affût, où ils excellent
à imiter les cris des animaux.

La chasse n'est guère praticable pour l'Européen pendant la
saison des pluies ; les herbes, qui s'élèvent jusqu'à 2 ou 3 mètres de
hauteur, gênent la marche et empêchent de voir le gibier. Par contre, dès que la brousse a été brûlée, le gibier est visible de loin et
la marche n'est plus gênée par les herbes.

*
* *

IV. — PÊCHE

La pêche se fait principalement en mer et en lagune ; les espèces
communes sont sensiblement les mêmes de part et d'autre. La
faune maritime est particulièrement riche ; on y trouve tous les
poissons d'Europe et ceux des mers tropicales. Les indigènes de la
côte vont pêcher quelquefois très loin sur leurs pirogues ; ils ali-
mentent une grosse industrie locale de poissons secs qui sont ven-
dus, dans l'intérieur, jusqu'au Soudan.

Les crustacés sont également très nombreux, particulièrement
la crevette qu'on trouve surtout pendant les mois qui correspondent à la saison des pluies. Elle est également conservée, mais par
enfumage léger puis séchage.

La pêche se fait à l'aide de seines, d'éperviers ou d'hameçons.
Les indigènes, dans les lagunes, font des barrages qui aboutissent
à des enclos où le poisson est facilement pris à l'épuisette ou à la
main.

Dans les rivières le poisson est beaucoup moins abondant ; il est pêché surtout à l'aide de nasses, que l'indigène place jusque dans les moindres ruisseaux.

En 1922 et 1923, il a été exporté 412.962 kilogrammes de poissons secs, cotés à 1 franc le kilogramme.

CHAPITRE XI

Industrie

I. — EXPLOITATIONS INDUSTRIELLES

L'industrie au Togo est essentiellement agricole. Elle consiste dans la préparation des produits en vue de leur exportation et comprend des usines d'égrenage et de pressage du coton, des usines à traiter les palmistes, et des usines à défibrer le sisal.

Il convient de signaler cependant l'existence de quelques industries d'origine européenne (imprimerie, ateliers de mécanique, etc.), qui, quoique d'importance modeste, ne laissent pas de rendre de grands services aux particuliers.

1º Usines d'égrenage de coton

Des usines d'égrenage, pourvues chacune d'une presse hydraulique, fonctionnent à Lomé, Atakpamé, Nuatja, Palimé, Sagada et Kpessi. A l'exception de l'égreneuse de Palimé, propriété particulière, ces usines appartiennent au séquestre et à l'Administration, qui les louent à divers commerçants.

Au total, six égreneuses à scie fonctionnent actuellement sur le Territoire ; elles sont à rendement divers, mais la plupart pourraient livrer, comme moyenne journalière, trois balles de 300 kilogrammes. Leur personnel varie de 12 à 18 manœuvres.

2º Usines a traiter les palmistes

La seule usine fonctionnant actuellement est celle d'Agou, qui occupe normalement 75 manœuvres, hommes, femmes et enfants. L'outillage comprend : une presse Janke à deux dépulpeurs avec pompe hydraulique, un séparateur, une presse-revolver Haake-Humbolt et sa pompe à triple effet, un concasseur pour palmistes, deux batteries de trois bouilleurs pour cuisson de l'huile, un bouilleur de secours, une pompe élévatrice d'eau et son réservoir, un tour horizontal, un atelier de réparation. La force motrice est fournie par une locomobile munie d'un générateur de vapeur et d'un tarare. Le rendement est de 8 tonnes par jour de fruits net.

Cette usine travaille les fruits en régimes et procède à un écrasement du péricarpe par pilonnage avant d'effectuer la pressée.

Les régimes sont découpés de façon à isoler les épillets de l'axe de la rafle du régime. La cuisson des fruits est faite à la vapeur ; ceux-ci, en mélange avec les épillets, viennent dans une auge en pente où ils sont pilonnés de manière à écraser le péricarpe et à le séparer des noix qui ne sont pas cassées par les pilons, ceux-ci n'arrivant pas exactement au fond de l'auge. Le mélange ainsi obtenu a laissé écouler un peu d'huile, qui est recueillie. Il est alors conduit aux presses, qui travaillent à 200 kilogrammes, mais pourraient atteindre 250 kilogrammes. L'huile est envoyée à un bac de décantation et de purification.

La masse pressée est ensuite passée dans une sorte de tarare qui laisse tomber les noix et expulse les bractées et les épillets. Une grande partie des noix tombe directement, mais il en reste d'englobées dans les épillets : aussi la masse, au sortir du tarare, est-elle travaillée à la main sur une plate-forme percée de trous qui laisse passer les noix tout en laissant glisser les épillets. La séparation complète des noix et des fibres se fait dans un tambour tamis. Les noix vont au séchoir, puis au concasseur : les débris d'épillets et les fibres servent de combustibles.

3° Usines a sisal

A chacune des trois plantations de sisal (Togo-Agou, Kpémé et Togo-Porto-Ségouro) est annexée une usine de défibrage. Dans chaque usine, les procédés de préparation de la fibre diffèrent uniquement, suivant le degré de perfection de l'outillage.

C'est à Togo-Agou que l'installation est la plus perfectionnée ; elle comprend une défibreuse Corona n° 2 à grand travail, utilisant l'énergie d'un moteur de 100 HP, quatre peigneuses, une presse hydraulique avec balance. La préparation des fibres se fait de la façon suivante :

Les feuilles arrivent sur wagonnets sous un hangar, où elles sont pesées puis liées en paquets d'une vingtaine. Ces paquets sont placés, sur les griffes d'un élévateur ou monte-sisal qui va les déposer sur un plateau auprès duquel se tiennent deux hommes. Leur travail consiste à délier les paquets et à disposer les feuilles trans-

versalement sur un tablier formé d'une toile sans fin qui les porte
jusqu'à une serveuse à cordes destinée à fixer une extrémité de la
feuille et à présenter l'autre devant un tambour à couteaux qui
la défibre. La partie défibrée est saisie à son tour dans les cordes
d'une seconde serveuse, et, à l'autre extrémité de la feuille, va passer devant un second tambour où elle est également défibrée. Ces
opérations s'effectuent très rapidement. Les feuilles, débarrassées
complètement de leur pulpe, après passage devant le second tambour, sont emportées sur une corde qui fait suite aux serveuses
jusqu'à un bassin de lavage, où elles sont mises à tremper et rin-
cées soigneusement.

On les fait ensuite sécher au soleil, sur des rangées de bambou
disposées à mi-hauteur d'homme, en ayant soin de les bien étaler
et de les retourner de temps en temps. Les fibres sont alors triées
par longueur, de façon à en faire deux qualités, dont la deuxième
à moins de 90 centimètres de long. Dès qu'elles sont suffisamment
sèches, on les passe à la peigneuse, qui est un appareil du même
genre que la défibreuse, mais qui tourne à une vitesse plus grande,
puis elles sont comprimées en balles de 200 kilogrammes sous une
presse hydraulique.

INDUSTRIE MÉCANIQUE ET PETITE INDUSTRIE

L'Ecole professionnelle de la Mission catholique, à Lomé, comprend des ateliers de charpente, menuiserie, ébénisterie, ferron-
nerie. On y fabrique des meubles, des vêtements, des chaussures,
des livres et articles de librairie. Il y existe un atelier de réparation de machines, automobiles, bicyclettes. La Mission catholique possède également une imprimerie qui se charge de toutes les
impressions pour l'Administration et pour les particuliers.

***

II. — MÉTIERS INDIGÈNES

La petite industrie indigène, laquelle intéresse moins le développement de la colonie, mais dont la description contribue à
donner une idée des mœurs des habitants, est beaucoup moins
développée au Togo que dans la plupart des autres régions de
l'A. O. F., le Dahomey notamment.

Les petits métiers sont généralement réservés à certaines familles, qui les transmettent de père en fils. Quelquefois ils sont réservés à certaines races ; c'est ainsi que les bouchers (sauf pour la viande de porc), les colporteurs, les marchands de bestiaux sont tous des Haoussahs.

Le coton est travaillé par les indigènes. Filé par les femmes, il est porté chez le tisserand, qui tisse sur des métiers minuscules et rudimentaires des bandes d'étoffes larges d'une dizaine de centimètres, qu'il coud ensemble pour former des pagnes généralement teints en bleu indigo, en rouge ou en noir.

La poterie est pratiquée couramment, l'argile étant très abondante ; les pots ont tous à peu près la même forme ; ils sont cuits à moitié, frottés de cendre ou de suie, recuits et quelquefois colorés en noir.

La même argile sert parfois à la fabrication de statuettes ou figurines, qui sont le plus souvent considérées comme fétiches.

L'abondance d'herbes et de fibres de toutes sortes a poussé les indigènes à les tresser, et quelques-uns pratiquent la vannerie pour leur propre compte ou pour le commerce. Dans la région de Sokodé, on fabrique des nattes coloriées lavables et très solides qui ne dépareraient pas dans un ameublement européen.

Le bois est travaillé assez peu et grossièrement ; les ouvrages les plus caractéristiques sont les bancs, dont l'ornementation est poussée très loin pour les sièges de chefs et de rois.

On confectionne également des petits articles, tels des peignes, des statuettes ; celles-ci constituent un des rares éléments artistiques à trouver au Togo ; le modèle en est généralement caricatural ; les membres sont anguleux et non proportionnés, les bras étant toujours plus longs que les jambes.

L'ivoire, rare au Togo et importé des pays limitrophes, est travaillé presque uniquement dans les régions de Kpandou et d'Anécho ; on en fait surtout des objets de parure et de petits accessoires pour l'usage des Européens.

Il y a un commencement d'industrie alimentaire : le sel est traité dans la région de Quittah ; les boissons, bière de maïs et bière de mil, nécessitent un certain travail pour leur préparation ; le tapioca et la farine de manioc demandent une traite spéciale.

Le travail du cuir n'est effectué que par les Haoussahs, qui confectionnent des sandales en cuir rouge, et, à Sokodé, des coussins en cuir analogues à ceux de Mauritanie et du Maroc.

L'industrie du fer est concentrée dans la région de Banjeli, où se trouve le minerai ; celui-ci est placé dans de grands fourneaux en terre chauffés pendant cinq ou six jours et qui donnent 25 à 50 kilogrammes de métal. Ce métal est travaillé à la forge, l'enclume étant constituée par deux pierres. (Les soufflets de forge seraient peu différents de ceux figurés sur les fresques égyptiennes.) Le fer obtenu est vendu à raison de 1 fr. 50 le kilogramme, au marché de Banjeli, pour être ensuite exporté en partie sur la Gold-Coast et le Dahomey.

L'or et l'argent sont également travaillés par les indigènes, qui fabriquent des parures très estimées.

Tous les objets fabriqués se vendent le plus souvent sur les marchés. Ceux-ci se tiennent, une ou deux fois par semaine, dans les principaux villages et attirent toujours un grand nombre de vendeurs et d'acheteurs ; ils sont très animés et chaque vente donne lieu à une discussion interminable.

Le commerce est la principale occupation des femmes des villes, qui achètent les marchandises dans les factoreries et vont les détailler sur les marchés de la région avec un bénéfice très rémunérateur. Elles sont assurées de la clientèle de l'homme de la brousse qui n'achète généralement que par quantités infimes : le sucre se vend par morceaux ; le pétrole, mesuré dans des boîtes de pommade ou des verres à liqueur, vaut un ou deux sous la mesure, etc.

A côté des produits alimentaires d'usage journalier et des objets fabriqués, se vendent sur ces marchés les produits coloniaux constituant soit des réserves alimentaires pour l'usage personnel de l'acquéreur, soit des denrées destinées à l'exportation (coton, huile et amandes de palme, arachides, cacao, etc.).

*
* *

III. — MINES

Le sous-sol du Togo est encore mal connu et la prospection avait à peine été ébauchée par l'Administration allemande. Quelques filons de quartz aurifère à faible teneur furent signalés, vers 1907, dans la région d'Agbandi (cercle d'Atakpamé).

Un gisement de fer chromé, affleurant sur une étendue d'au moins 100 mètres carrés, relevé vers 1908, près du village de Tohon, dans l'Akposso (cercle d'Atakpamé). L'analyse des prélèvements révéla la présence de 25 à 28 % de chrome métal et de 36, 40 à 41,7 % d'oxyde de chrome. A la suite d'une seconde expertise, en avril 1914, on avait renoncé à l'exploitation de ce gisement par suite de l'insuffisance constatée de son rendement en chrome ; mais aucun sondage n'a jamais été effectué.

Nous venons de voir que le minerai de fer abonde dans la région de Banjeli (cercle de Sokodé), où il est traité par les indigènes de la région. La production, qui était de 9 tonnes environ pour 1921 et 1922, a atteint près de 50 tonnes en 1923. Mais elle ne pourra faire l'objet d'une entreprise industrielle que lorsque les gisements seront exactement inventoriés et analysés, et surtout lorsque le prolongement de la ligne Lomé-Atakpamé, jusqu'à Bassari par Agbandi et Sokodé, mettra Banjeli à proximité de la voie ferrée.

Le programme de mise en valeur élaboré en 1922 prévoit une somme de 300.000 francs, répartie sur trois années, pour frais de prospection rationnelle du pays par des géologues et minéralogistes de profession. En exécution de ce plan, une mission géologique a été confiée, en 1923, à un minéralogiste réputé dans le but d'établir l'inventaire des richesses minières du Togo et de rassembler les premiers éléments d'une carte géologique du Territoire.

**

IV. — FORCES HYDRAULIQUES

Notre venue est encore trop récente pour que nous ayions pu dresser un catalogue scientifique sur la nature des forces hydrauliques pratiquement utilisables. Certes, elles ne sauraient manquer, mais leur détermination, qui sera l'œuvre de demain, ne saurait être effectuée que par des mesures fixant la vitesse du courant et la quantité d'eau débitée.

Les deux réseaux formés par les affluents de la Volta, d'une part, et les rivières côtières, d'autre part, sont constitués, en effet, de cours d'eaux torrentueux, infranchissables à la saison des pluies, baissant rapidement sitôt passée la crue violente, et dont les lits sont barrés de seuils et de rapides.

Des murailles abruptes dominant les plaines se déversent en de nombreux points des cascades et des chutes dont trois, notamment, dans le cercle de Klouto, pourraient présenter un intérêt industriel.

1° *Chute de Kpimé-Seva.* — Elle est située sur le territoire du canton de Kpimé, à environ dix-huit kilomètres de Palimé. On y accède très facilement en passant par le village de Kpimé-Seva,

qui se trouve sur la grande route d'Atakpamé à Palimé et auquel
la relie une piste de 3 kilomètres. Le spectacle en est très pittores-
que.

Formée par la petite rivière Aka, qui prend sa source au mont
Dabo (955 mètres), elle tombe d'une hauteur de 140 mètres en
formant trois chutes successives. Son débit diminue sensiblement en saison sèche, mais elle ne tarit jamais. Durant cette époque, qui s'étend de novembre à mars, le cours de la rivière Aka
atteint au pied de la chute une largeur de 2 mètres et une profondeur moyenne de 30 centimètres.

2º *Chute de Tomegbé*. — Son accès est actuellement très difficile. On peut s'y rendre en prenant la route de Palimé à Kpandou,
jusqu'à un point situé à 3 kilomètres environ au delà de Tomegbé.
De là, on gravit, par des sentiers de chasseurs, le mont Dometo
dont l'altitude s'élève de 4 à 500 mètres au-dessus du niveau de la
chute. La descente s'effectue ensuite, en pleine forêt, par des
pentes très rapides.

La chute tombe, d'une hauteur de 50 mètres, au milieu de gros
blocs de rochers. La hauteur d'eau moyenne de la rivière Tsi, qui
l'alimente, est, en saison sèche, d'environ 30 centimètres et sa
largeur de 5 à 6 mètres. Elle ne tarit jamais.

3e *Chute de Kuma-Adamé*. — Son débit est mal connu, il conviendrait pour l'apprécier de la dégager tout d'abord de l'épaisse
végétation qui l'abrite et la rend pour ainsi dire invisible.

Les Allemands avaient eu l'intention d'utiliser la chute de
Kpimé-Seva en vue d'amener la force électrique dans les domaines
d'Agou, et ils s'en étaient réservé éventuellement l'emploi par de
vastes concessions le long de ce point d'eau.

****

V. — MAIN-D'ŒUVRE

Si dans certains pays tropicaux le manque de population constitue un obstacle presque insurmontable à la mise en valeur, il n'en
est pas de même au Togo, où une densité relativement élevée (15
habitants en moyenne au kilomètre carré) assure à l'employeur
une main-d'œuvre abondante.

La région qui va de la côte à la latitude d'Atakpamé fournit
notamment de bons ouvriers spécialistes ; maçons, charpentiers,
forgerons, etc. ; par contre, dans cette région, le recrutement des

manœuvres laisse quelquefois à désirer comme qualité. L'Ehoué, qui n'a pas fait l'apprentissage du métier d'artisan, est resté cultivateur et il ne renonce que de mauvaise grâce soit à ses cultures, soit aux loisirs qu'elles lui procurent pour s'embaucher pour quelque durée comme manœuvre.

Les pays Cabrais et Lossos, surpeuplés au Nord de Sokodé, constituent heureusement un réservoir de main-d'œuvre susceptible de suffire pendant longtemps aux besoins croissants du Territoire ; aussi une bonne partie de la main-d'œuvre permanente nécessaire dans le Sud, soit pour l'agriculture, soit pour l'industrie, soit pour les maisons de commerce, se recrute-t-elle dans ces régions. Groupées autour d'un étroit massif montagneux les populations cabraises et lossos, prolifiques, travailleuses, ne peuvent, malgré leur labeur acharné, vivre tout entières des produits d'un sol restreint. Aussi une partie des hommes s'expatrient-ils chaque année pour aller chercher, dans le Sud, le complément de ressources nécessaires à l'entretien de la famille.

Le prix moyen de la main-d'œuvre (pour les manœuvres seulement) est de 6 pence par jour pour les ouvriers nourris par l'employeur et de 1 shilling pour les autres. Dans le Nord, où le franc et le mark argent ont la même valeur que le shilling, la journée de de travail se paye 1 fr. 25.

Le décret du 29 décembre 1922 a institué une réglementation du travail pour le territoire du Togo.

Cette réglementation, applicable seulement aux engagements d'une durée supérieure à trois mois, sans que ceux-ci puissent dépasser deux années, assure au travailleur le maximum de garanties qu'il est fondé à exiger, en même temps qu'elle facilite à l'employeur le recrutement d'une main-d'œuvre stable et régulière.

Les contrats de travail, soumis obligatoirement au visa de l'Administration, peuvent être résiliés soit par consentement mutuel, soit par la volonté de l'une des parties — mais dans les cas seulement qui peuvent être prévus au contrat — soit par décision du Conseil d'arbitrage, soit par arrêté du Commissaire de la République.

En vue de faciliter le règlement des conflits du travail, une procédure simple, rapide, peu coûteuse, a été organisée par la création de Conseils d'arbitrage, où, sous la présidence d'un fonctionnaire, un indigène siège à côté d'un colon de statut européen.

Lorsqu'une entreprise commerciale a besoin de recruter en une seule fois un grand nombre de travailleurs, l'Administration s'emploie bénévolement à lui donner satisfaction, mais elle se borne à faire annoncer dans les villages où la main-d'œuvre abonde les offres d'emploi de la firme intéressée.

CHAPITRE XII

Commerce

I. — ORGANISATION DE LA CHAMBRE DE COMMERCE

La Chambre de commerce de Lomé, créée par arrêté du 2I juin 1921, fonctionne depuis le début de 1922. Sa circonscription comprend l'ensemble des territoires du Togo placés sous le mandat de la France. Organisée dans un esprit de large libéralisme et conformément aux principes d'égalité commerciale et de collaboration avec les indigènes, elle est composée de douze membres titulaires, répartis en trois groupes, élus chacun par un collège électoral différent :

1º Six membres citoyens français, élus par les commerçants français inscrits au rôle des patentes et licences pour une somme globale de 500 francs ;

2º Quatre membres de nationalité étrangère (européenne ou assimilée), élus par les commerçants étrangers inscrits au rôle des patentes et licences pour une somme globale de 500 francs ;

3º Deux membres indigènes originaires du Togo ou des possessions européennes de la Côte occidentale d'Afrique, élus par les commerçants indigènes inscrits au rôle des patentes et licences pour une somme globale de 125 francs.

Les ressources de la Chambre de commerce sont constituées :

1º Par des centimes additionnels aux impôts des patentes et des licences et dont le nombre est fixé annuellement par arrêté du Commissaire de la République (actuellement 0 fr. 10) ;

2º Par une taxe sur le tonnage importé et exporté et fixée pour l'année 1924, à 0 fr. 20 par 100 kilogrammes ;

3º Par des dons, legs et subventions qu'elle pourra recevoir éventuellement.

Elle jouit de la personnalité civile et peut être autorisée par le

Commissaire de la République à emprunter et à percevoir des taxes en vue d'assurer la création, l'entretien et le fonctionnement d'établissements à l'usage du commerce.

Elle a été chargée, en 1922, d'organiser et de diriger les services de l'inspection des amandes de palme et du contrôle du coton destinés à l'exportation. Elle délivre en outre aux exportateurs qui en font la demande un certificat, visé par le Président et le Vice-Président, attestant que tel produit est de qualité loyale et marchande.

Elle a également mis à l'étude pour 1924 la création de services analogues pour le contrôle du cacao (à l'exemple de celui qui a été institué au Cameroun en fin 1923) et des huiles de palme destinés à l'exportation.

Un projet d'ouverture du port de Lomé à l'entrepôt fictif est actuellement soumis à l'approbation ministérielle ; sa réalisation fera bénéficier le commerce local d'importants avantages, en lui permettant d'affecter à l'achat de produits d'exportation le montant des taxes de douane qu'il devait jusqu'ici acquitter dès réception des marchandises qu'il importait.

***

II. — CENTRES COMMERCIAUX ET DÉBOUCHÉS
MAISONS DE COMMERCE

A) CENTRES COMMERCIAUX

Les principaux centres commerciaux du territoire se limitent actuellement au chef-lieu de la colonie, ainsi qu'à celui des trois cercles d'Anécho, Klouto-Palimé et Atakpamé, auxquels il convient d'ajouter quelques marchés importants, tant de la région lagunaire que de l'intérieur, tels que : Vogan, Vokoutimé et Porto-Segouro (Anécho), Tsevié, Noépé, Agbelouvé, Assahun (Lomé), Dadja (Atakpamé), Agou (Klouto).

C'est dans ces centres que se traite la plus grosse partie des achats de produits destinés à l'exportation, que le coton est égrené et mis en balles, le cacao et les palmistes ensachés, et l'huile de palme mise en fûts. Les principales maisons de commerce du territoire y ont installé des succursales, dont la plupart sont gérées par des employés indigènes. De nombreux commerçants indigènes y sont, en outre, installés pour leur propre compte

et y achètent également des produits du crû, qu'ils rétrocèdent
ensuite aux commerçants européens.

B) Débouchés

Les principaux clients du Togo sont l'Angleterre, l'Allemagne
et la France. La France, dort les commerçants ne connaissent pas
encore bien le marché togolais, achète la totalité du cacao, plus
du tiers du coton et à peu près le tiers de l'huile de palme exportés.
Les amandes de palme, le coprah et les graines de coton vont surtout en Angleterre et en Allemagne.

Voici le tableau de répartition des principales exportations du
Togo en 1928 (en kilogrammes) :

PRODUITS EXPORTÉS	QUANTITÉS EXPORTÉES en 1928	PAYS EXPORTATEURS				
		France	Angleterre	Allemagne	Hollande	Divers
Cacao en fèves ..	3.324.502	3.324.502	»	»	»	»
Amandes de palme	10.320.786	222.623	4.880.880	5.105.902	»	161.281
Huile de palme..	2.913.706	921.052	1.089.431	903.223	»	»
Coprah.........	1.122.833	82.249	3.560	884.313	152.711	»
Coton égrené	766.383	291.125	276.972	158.861	»	39.525
Graines de coton.	869.690	89.540	422.369	354.573	»	3.108
Sisal..........	98.080	»	»	98.080	»	»

C) Marchés

Le principal fournisseur du Togo est l'Angleterre, qui détient
une sorte de monopole de fait pour l'importation des cotonnades ;
derrière elle viennent la France, puis les Etats-Unis, l'Allemagne
et enfin la Hollande et la Belgique.

(Voir le tableau page 133)

TABLEAU DE RÉPARTITION DES IMPORTATIONS ENTRE LES PRINCIPAUX PAYS FOURNISSEURS DU TOGO (ANNÉE 1923).

PAYS IMPORTATEURS	QUANTITÉS	VALEURS	PRODUITS
	Kilogr.	Francs	
France.........	4.977.026	3.458.073	Sel marin, vins, liqueurs, articles d'alimentation.
Colonies françaises	317.893	231.063	Bois.
Angleterre.......	2.110.655	14.668.154	Tissus de coton et de jute, whisky, gin, métaux.
Colonies anglaises	255.915	782.701	Tissus de coton et de jute, whisky, tabac, ouvrages en métaux.
Allemagne.......	637.523	2.581.322	Ouvrages en métaux, verres, cristaux, bière et limonade, bimbeloterie, quincaillerie.
Etats-Unis	2.174.860	3.367.376	Huile et essences de pétrole, tabac.
Hollande........	451.795	1.505.612	Genièvres.
Belgique........	1.606.822	833.288	Ciments.

D) MAISONS DE COMMERCE

Liste des principales entreprises au Togo

ENTREPRISES SIÈGE SOCIAL. — CAPITAL	CENTRE des OPÉRATIONS	NATURE des OPÉRATIONS
Africain Association (African and Fastern Trade Corporation Ltd.. Royal Liver Building, Liverpool..	Lomé	Importation. Exportation.
Banque de l'Afrique Occidentale Française (Privilégiée), 88, rue La Bruyère, Paris. — Capital : 6 millions de francs. Succursales : Dakar, Conakry, Bassam, Porto-Novo, Douala, Lomé	Lomé	Escompte, comptes courants, comptes avances, avances sur titres, garde, etc.

ENTREPRISES SIÈGE SOCIAL. — CAPITAL	CENTRE des OPÉRATIONS	NATURE des OPÉRATIONS
Banque Française de l'Afrique. Siège Social : 2 et 4, rue Meyerbeer, Paris. — Capital : 20 millions de francs (onze agences en Afrique Occidentale et Équatoriale) ..	Lomé	Toutes opérations de Banque et Bourse, avances sur marchandises, création de sociétés, change, comptes courants et comptes dépôts, etc.
J.-B. Carbou, 239, Corniche, Marseille	Lomé Atakpamé	Usine d'égrenade de coton Importation. Exportation.
Compagnie Africaine de Commerce (anciens Etablissements A. Leconte), 12, rue Caumartin, Paris. — Capital : 15 millions.........	Lomé	Importation. Exportation.
Compagnie Française de l'Afrique Occidentale, 32, cours Pierre-Puget, Marseille. — Capital : 15 millions................	Lomé	Importation. Exportation.
Compagnie Française du Coton Colonial, 5 et 7, rue des Italiens, Paris. — Capital : 15 millions	Lomé	Importation. Exportation.
Etablissements Handelsmaschappy (Maison hollandaise)...........	Lomé	Importation. Exportation.
John Bolt and C° Ltd. Royal Liver Building, Liverpool	Lomé	Importation.
Millers Ltd. West Africa House, Kingsway, Londres W. C........	Lomé	Importation. Exportation.
G.-B. Ollivant and C° Ltd., 3, Albert Street (Manchester)......	Lomé	Importation. Exportation.
H.-B.-W. Russell Ltd., Dale Street, 37, Liverpool	Lomé	Importation. Exportation.
Etablissements Sanderson et Graff.	Lomé	Importation. Exportation.
Shuttleworth et Green, Alabastre Building, Liverpool	Lomé	Importation. Exportation.
Société Commerciale de l'Ouest Africain, 69, rue de Miromesnil, Paris. — Capital : 18 millions........	Lomé	Importation. Exportation.

ENTREPRISES SIÈGE SOCIAL. — CAPITAL	CENTRE des OPÉRATIONS	NATURE des OPÉRATIONS
Société Commerciale et Industrielle de la Côte d'Afrique (C. I. C. A.). 3, rue de la République, Marseille. — Capital : 7 millions.........	Lomé	Importation. Exportation.
F. et A. Swanzy, Ltd. East Africa House. Kingsway, Londres......	Lomé	Importation. Exportation.
	Atakpamé	Usine d'égrenage de coton.
Maison Tardy, Bordeaux........	Lomé	Exportation.
Union Commerciale et Industrielle Africaine, Bordeaux. — Capital : 2 millions de francs (L. U. C. I. A.).	Lomé	Importation. Exportation.
John Walkden and Cᵒ, Ltd., 30 Princess Street, Manchester.....	Lomé	Importation. Exportation.

Consignataires des Compagnies de navigation
dont les navires touchent les ports du Togo

NOMS DES COMPAGNIES DE NAVIGATION Siège Social	NOMS ET ADRESSES des CONSIGNATAIRES
Société Navale de l'Ouest, 8, rue Auber, Paris..........................	Compagnie Africaine de Commerce, Lomé.
Compagnie de Navigation Africaine (C. N. A.) 47, boulevard Haussmann, Paris ...	Maison Ollivant, Lomé.
Société Ligure d'Armements, Gênes..... Société de navigation « Roma »......... Compagnie des Chargeurs-Réunis, 1, boulevard Malhesherbes, Paris...........	Société Commerciale de l'Ouest Africain, Lomé.
Holland West Africa Line, Amsterdam...	John Holt and Cᵒ Ltd, Lomé.
Compagnie navigation Fabre (Marseille). Compagnie de navigation Fraissinet (Marseille)...............................	Société Commerciale et Industrielle de la Côte d'Afrique, Lomé.
African Steamship Cᵒ Ltd. British African Steamship Cᵒ. Colonial House, Liverpool. } Elder Dempster.	Elder Dempster et Cᵉ Ltd, Lomé.
Bull West African Line, 17, Battery Place, New-York	M. Camoin, Cotonou-Lomé.

III. — IMPORTATIONS. EXPORTATIONS

TABLEAUX DES MARCHANDISES IMPORTÉES ET EXPORTÉES PENDANT LES ANNÉES 1922-1923 (en kilogrammes)

Importations

NATURE des PRODUITS	ANNÉE 1923		ANNÉE 1922	
	Quantités	Valeurs	Quantités	Valeurs
	Kilogr.	Francs	Kilogr.	Francs
Farineux alimentaires...	383.718	610.772	252.180	193.624
Sucre...............	275.273	769.843	255.792	284.322
Tabacs.............	143.002	1.593.995	278.341	1.105.382
Ciment.............	1.394.171	409.619	1.007.953	156.155
Huile de pétrole lampante	1.257.836	1.219.354	914.768	312.911
Métaux..............	429.928	715.316	413.935	328.709
Sels................	2.608.594	356.860	2.677.338	337.968
Poteries............	45.800	200.528	29.955	57.900
Verres et cristaux.......	33.717	383.446	21.322	158.038
Fils................	49.893	933.351	37.868	280.647
Tissus de coton........	514.602	10.693.912	313.793	2.971.543
Tissus autres.........	266.769	1.593.155	145.537	298.544
Vêtements confectionnés	30.398	908.159	11.184	118.360
Machines et mécaniques.	39.119	273.940	18.284	117.852
Ouvrages en bois.......	222.086	312.453	17.368	15.359
Ouvrages matières diverses	247.769	2.283.624	147.850	618.540
Autres marchandises....	3.515.261	6.316.015	2.797.198	1.942.544
Bois................	416 m³	210.295	88 m³	22.555
Boissons.............	348.684 lit.	1.692.987	351.773 lit.	791.495

Exportations

NATURE des PRODUITS	ANNÉE 1923		ANNÉE 1922	
	Quantités	Valeurs	Quantités	Valeurs
	Unités	Francs	Unités	Francs
Moutons............	6.468	323.400	15.692	784.600
Volailles...........	1.228	3.675	3.011	21.195
Chèvres............	225	11.250	5	1.250
	Kilogr.		Kilogr.	
Poissons secs........	486.731	486.731	412.962	412.962
Maïs en grains.......	1.770.190	354.038	1.053.928	237.063
Farine de manioc.....	512.967	152.890	352.166	136.809
Cacao en fèves.......	3.324.502	7.646.355	3.505.349	5.801.517
Amandes de palme....	10.320.786	7.224.552	6.168.650	3.608.600
Coprah..............	1.122.833	1.066.694	740.339	721.771
Noix de coco........	41.375	3.192	8.716	968
Graines de ricin......	4.135	3.102	19.875	5.827
Graines de sésames...	1.813	996	705	295
Coton égrené........	766.383	2.682.343	678.662	2.355.937
Graines de coton.....	869.690	103.804	733.337	70.121
Huile de palme.......	2.913.706	3.495.448	950.719	1.152.644
Caoutchouc..........	7.497	45.789	6.950	»
Sisal...............	98.080	88.273	277.615	335.685
Kapok..............	1.477	5.616	1.565	967
Peaux de bœufs......	228	21.445	»	»

L'ensemble du commerce extérieur du territoire (tonnage importé et exporté) pendant les années 1921-1922-1923 est indiqué dans le graphique ci-après :

(Voir le graphique page 138)

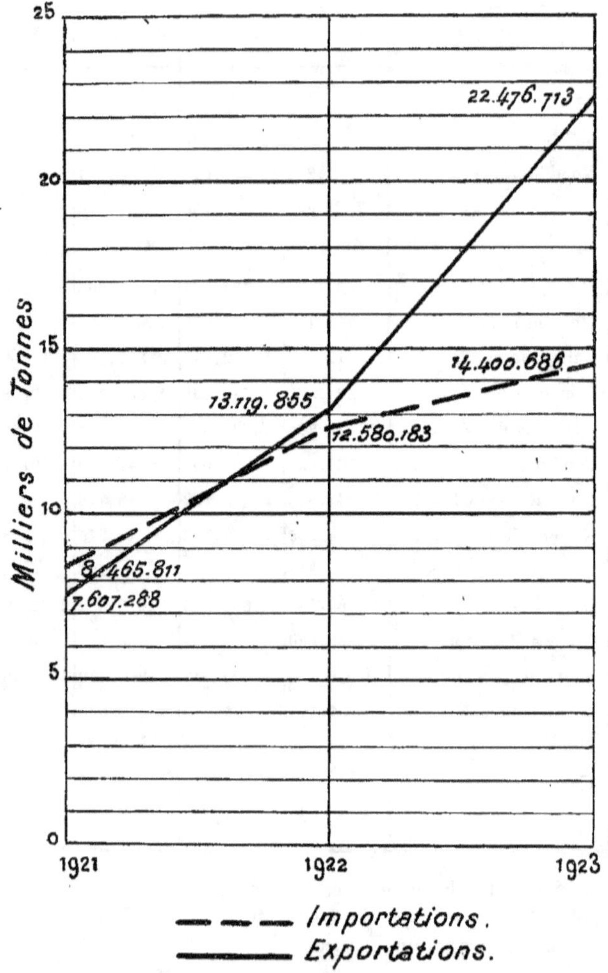

Fig. 9. — Graphique des tonnages importés et exportés
en 1921-1922-1923

IV. — CONDITIONS D'ORGANISATION
D'UNE ENTREPRISE COMMERCIALE AU TOGO

Ainsi qu'il a été exposé plus haut au chapitre IX, le Togo est un pays exclusivement agricole, où les exploitations européennes de grande envergure occupent une place pratiquement nulle. Les plantations industrielles — cacao, coton, café — sont entreprises par les indigènes eux-mêmes sur le sol appartenant aux collectivités. Le Togo doit être, en effet, rangé dans les catégories des pays tropicaux dits « d'exploitation », par opposition aux « colonies de peuplement » où l'Européen s'installe et fait souche ; c'est assez dire que la petite colonisation européenne ne saurait y être envisagée. Le blanc n'agit ici que comme intermédiaire achetant les produits aux indigènes soit pour les exporter directement, tels le cacao, le coprah, les palmistes, soit pour les traiter avant exportation, tels le coton à égrener et à mettre en balles, et, dans certain cas, les noix de palmes, pour en extraire l'huile.

Il ne paraît pas douteux, cependant, qu'à côté de la plantation familiale indigène, véritable base de l'édifice économique du territoire, certaines entreprises européennes pourraient prospérer, à la condition expresse qu'elles soient soutenues par de puissants moyens financiers. Nous citerons plus particulièrement la culture du coton, celles de sisal et du tabac, au moyen des procédés modernes d'exploitation agricole (motoculture, etc.).

Il y aurait place, d'autre part, pour plusieurs usines, à traiter les noix de palme tant à Agou, où la seule installation qui existe est de beaucoup insuffisante, que dans la région d'Anécho et le long de la riche vallée de Mono.

Le commerce d'importation et d'exportation du Togo est actuellement réparti entre les maisons énumérées plus haut et qui disposent, pour la plupart, de capitaux importants. Toutes possèdent, dans les différents centres du territoire, des boutiques de détail tenues généralement par des indigènes, où se vendent les articles d'importation européenne et ceux dits de traite. Des indigènes, agissant pour leur compte, et des Syriens pratiquent également le commerce de détail.

L'Européen désireux de monter une entreprise commerciale, au Togo, ne devra le faire qu'après avoir séjourné, travaillé ou servi assez longtemps dans le pays, étudié sur place les ressources ainsi que les besoins de la population indigène, à laquelle toutes les

marchandises européennes ne conviennent pas. En effet, par
suite de la diversité des races, les goûts sont extrêmement variés
suivant les régions : telle marchandise qui trouvera un débouché
important à Lomé, sera invendable à Atakpamé ou à Sokodé.
Dans le Nord (Sokodé et Mango), où la population est encore pri-
mitive, le commerce se borne à la vente du sel criblé et à gros
grain, du tabac brun et de quelques rares tissus blancs et écrus.
Dans le Sud, au contraire, où l'indigène, au contact journalier des
Européens, a multiplié ses besoins en même temps qu'il devenait
plus raffiné, il achète surtout des cotonnades chères, aux couleurs
vives, et toutes sortes d'objets fabriqués ou de conserves importés
d'Europe.

S'il s'agit d'une société munie de capitaux importants, elle
devra rechercher un agent ayant travaillé déjà au Togo ou dans
les colonies limitrophes (Dahomey, Gold-Coast) et au courant des
particularités du commerce de ces régions ; ses débuts lui en
seront grandement facilités.

Le petit commerçant qui viendrait s'installer avec un capital
modeste devrait prendre soin, avant son départ, de se créer des
relations lui permettant d'obtenir des crédits en banque pour
l'achat des produits d'exportation et un délai d'environ 120 jours
pour le payement des marchandises achetées en Europe. S'il ne
commande pas de gros stocks de marchandises, s'il n'achète que
des articles facilement vendables et vite ecoulés, pour ne pas
immobiliser son capital, il lui suffira d'une première mise de fonds
de 150 à 200.000 francs. Il devra éviter de spéculer sur les produits
du cru, mais prendra au contraire ses dispositions pour en avoir le
placement en Europe dès les achats effectués, de façon à se cou-
vrir des risques de baisse.

En résumé, pour réussir au Togo, il faut avoir séjourné dans le
pays, connaître la mentalité et les besoins des populations locales,
se montrer très prudent, ne pas exagérer ses frais généraux et
surtout ne pas se laisser griser par les résultats des bonnes années.

y. — ÉTABLISSEMENTS DE CRÉDIT

Les deux banques françaises installées dans nos colonies de la
Côte occidentale d'Afrique ont créé chacune une agence à Lomé.
Celle de la Banque française de l'Afrique y fonctionne depuis le

1er décembre 1920. L'agence de la Banque de l'Afrique Occidentale Française y a pris, le 1er août 1922, la succession de la British West africa Bank.

La Banque de l'Afrique Occidentale, dont le siège social est à Paris, 38, rue La Bruyère, au capital de 6 millions, est la banque privilégiée d'émission de la Côte occidentale d'Afrique.

Elle possède, en Afrique, huit succursales et agences : Dakar, Conakry, Bassam, Porto-Novo, Douala, Saint-Louis, Rufisque et Lomé.

Elle traite de toutes les opérations bancaires usuelles escompte, comptes-courants, comptes-avances, avances sur titres et sur lingots, garde, tirages sur l'Europe, virements de fonds, etc.

La Banque Française de l'Afrique, au capital de 20 millions de francs, rentre dans la catégorie des banques dites « d'affaires » ; son siège social est à Paris, 3 et 4, rue Meyerbeer.

Elle possède deux agences en France : Bordeaux et Marseille, et onze en Afrique : Dakar, Rufisque, Bamako, Konakry, Bassam, Lomé, Cotonou, Douala, Port-Gentil, Brazzaville et Kinshassa.

L'agence de Lomé traite toutes les opérations de banque et de bourse (escompte, avances sur marchandises, comptes-courants et comptes-dépôts titres, change, création de sociétés, etc.).

*
* *

VI. — RÉGIME MONÉTAIRE

Situé à un carrefour de routes commerciales, le Togo, de par sa situation géographique, s'est toujours trouvé abondamment pourvu de monnaie métallique : marks, shillings, francs, introduits soit par les colporteurs haoussahs qui font le commerce entre la Nigéria, le Dahomey, la Haute-Volta et la Gold-Coast, soit par les cultivateurs togolais qui vont vendre leurs produits sur les marchés des colonies voisines.

L'occupation britannique d'une partie du Territoire a considérablement accru le stock de monnaie anglaise, lequel a continué par la suite à être alimenté par le commerce entre la zone britannique du Togo et les régions limitrophes de la zone française.

La Banque de l'Afrique Occidentale Française a lancé d'autre part, dans la circulation, des billets de 500, 100, 50, 25 et 5 francs. Ces coupures, surtout au cours actuel du change, subissent, malheureusement, chez les indigènes, une dépréciation considérable du fait de l'absence de la monnaie d'appoint. Aussi, la nécessité est-elle apparue de mettre fin à une situation aussi gênante pour les transactions commerciales.

L'Administration a donc décidé la mise à exécution d'une réforme monétaire qui consiste à retirer de la circulation le stock de livres anglaises et à le remplacer par une monnaie française ayant sur tout le territoire une valeur uniforme et partout acceptée. A cet effet, des jetons représentant une valeur de quatre millions de francs, frappés spécialement pour le Togo, analogues à ceux qui circulent actuellement en France, seront mis en circulation dans le courant de l'année 1924.

QUATRIÈME PARTIE

CHAPITRE XIII

Emplois administratifs

Les Français désireux d'entrer dans l'Administration coloniale trouveront ci-après des renseignements détaillés sur les emplois locaux que peut éventuellement, suivant les vacances en personnel, leur offrir le Territoire du Togo.

Les agents des cadres locaux européens du Togo appartiennent tous, sauf ceux des Services civils, aux cadres locaux de l'Afrique Occidentale Française. Ils sont placés dans la position de service détaché au Togo pour une durée de cinq ans.

Les cadres locaux de l'A. O. F. concernent les Services suivants :

Secrétariat généraux, Enseignement, Agriculture, Travaux Publics, Chemins de fer.

Recrutement. — Tout candidat à un emploi dans le cadre des Services civils du Togo, ou dans les cadres locaux européens de l'A O. F. énumérés ci-dessus, doit être Français et avoir satisfait aux obligations imposées par la loi sur le recrutement de l'armée. Il doit être âgé de 20 ans au moins et de 30 ans au plus, sous réserve des conditions spéciales d'âge imposées ci-après pour certains cadres.

La limite d'âge peut, sans toutefois dépasser 35 ans, être prorogée d'une durée égale à celle des services militaires ou civils donnant droit à pension de l'Etat ou de la caisse locale des retraites d'une colonie française.

Toute demande doit être établie sur papier libre et accompagnée des pièces suivantes :

1º Une expédition en due forme de l'acte de naissance (ayant moins de trois mois de date) ;

2º Un extrait du casier judiciaire (ayant moins de trois mois de date) ;

3e Un certificat de bonnes vies et mœurs (ayant moins de trois mois de date) ;

4º Un état signalétique et des services militaires délivré par le bureau de recrutement dont le candidat relève (lorsque le postulant n'a pas servi sous les drapeaux, il doit remplacer ce document par une pièce délivrée par l'autorité militaire indi- quant d'une façon précise sa situation à l'égard de la loi sur le recrutement de l'armée).

5º Un certificat de visite et de contre-visite délivré par des médecins militaires de la place la plus rapprochée de la résidence du candidat, constatant que son état de santé lui permet de servir aux colonies (ce certificat doit, le cas échéant, indiquer les affec- tions dont le postulant serait atteint, affections que les médecins militaires considéreraient comme compatibles avec le service colonial) ;

6º La copie, s'il y a lieu, des titres universitaires ou des titres indiquant les aptitudes spéciales (ces copies doivent être certi- fiées conformes soit par le maire du domicile du postulant, soit par le commissaire de police du quartier. Les demandes doivent être adressées au Commissaire de la République, à Lomé, ou au Ministère des colonies (Direction du personnel, 2e bureau).

Nominations. — Les nominations dans le cadre des Services civils sont prononcées par le Commissaire de la République.

Celles dans les autres cadres locaux sont faites par le Gouver- neur Général de l'A. O. F., sur la proposition du Commissaire de la République.

Tout candidat doit accomplir une année de stage, comptant de son arrivée au Togo, à l'expiration de laquelle il est titularisé, licencié, ou soumis à un nouveau stage.

Le personnel des cadres locaux européens reçoit un supplé- ment colonial dont la quotité est fixée aux sept dixièmes de la solde, conformément au règlement général sur la solde du per- sonnel colonial ; il perçoit, en outre, une indemnité de cherté de vie dite de zone variant suivant les localités où il se trouve en service. Il est logé et meublé sommairement. Il a droit à un congé administratif de six mois après un séjour effectif de deux années au territoire. Le personnel des cadres locaux du Togo et de l'A. O. F. a droit à une pension de retraite après vingt-cinq ans de services effectifs, dont vingt au moins au Togo ou dans une autre colonie de l'A. O. F., congés rétribués, missions rétribuées et voyages compris.

Dans certains cas, blessures ou affections incurables contractées en service, les fonctionnaires auront droit à une pension.

Dans certains cas également, les veuves et orphelins auront droit à une pension. (Voir le décret organisant la caisse locale des retraites du Togo ; le décret du 12 juillet 1912 portant création d'une caisse locale des retraites en A. O. F., modifié par les décrets des 8 janvier 1914 et 29 novembre 1921).

***

ORGANISATION DES CADRES

SERVICES CIVILS

Cadre local du Togo, créé par arrêté du Commissaire de la République du 11 janvier 1924 (voir *J. O.* du Togo du 1er février 1924, page 38).

Grades et classe	Soldes	Catégories	Proportion par grade et par classe
Adjoint princ. hors classe .	11.000	2e cat.(1)	
— de 1re classe .	10.000	—	
— de 2e classe .	9.000	—	30%
— de 3e classe .	8.000	—	
Adjoint de 1re classe	7.000	3e cat.(2)	35%
— de 2e classe	6.500	—	
Commis de 1re classe	5.500	—	
— de 2e classe	5.000	—	30%
— de 3e classe	4.500	—	

Peuvent être nommés à un emploi de *commis de 3e classe* :

1º Les candidats pourvus d'un diplôme de bachelier de quelque ordre que ce soit, du brevet supérieur, d'un diplôme de fin d'études, d'une des écoles de commerce reconnues par l'Etat, du diplôme de fin d'études de l'Ecole coloniale du Havre, ou de l'Institut commercial de Paris ;

(1) Les agents classés dans la deuxième catégorie voyagent en première classe sur les chemins de fer et à bord des paquebots.

(2) Les agents classés dans la troisième catégorie voyagent en deuxième classe sur les chemins de fer et à bord des paquebots.

2º Les militaires des armées de terre et de mer réformés nº 1, ou retraités par suite d'infirmités résultant de blessures ou de maladies contractées devant l'ennemi, au cours de la guerre 1914-1919, dans les conditions déterminées par les lois des 17 avril 1916 et 30 janvier 1923 ;

3º Les anciens sous-officiers, brigadiers ou caporaux comptant au moins quatre années de services militaires et classés par les soins du Ministère de la Guerre, conformément aux dispositions de la loi sur le recrutement de l'armée.

Peuvent être nommés directement à l'emploi d'adjoint de 2º classe, les candidats pourvus des titres universitaires ci-après :

Licences en droit, ès-lettres ou ès-sciences ; diplôme de docteur en médecine ; diplôme des écoles suivantes : Coloniale, Langues orientales vivantes, Chartes, Navale, Normale Supérieure, Hautes Etudes Commerciales de Paris, Sciences politiques, Institut national agronomique ; certificat attestant que les candidats ont satisfait aux examens de sortie de l'Ecole polytechnique, de l'Ecole supérieure des Mines, de l'Ecole centrale, des Arts et Manufactures, de l'Ecole Nationale des Ponts et Chaussées, de l'Ecole spéciale de Saint-Cyr, de l'Ecole forestière ou de l'Ecole du Génie maritime ; brevet d'officier des armées actives de terre et de mer.

SECRÉTARIATS GÉNÉRAUX

(Cadre local de l'A. O. F.)

Arrêté du Gouverneur Général de l'A. O. F. des 9 juillet 1913 et 29 août 1921 (*J. O.* de l'A. O. F., 1913, page 704, et 1921, page 660).

Grades et classes	Soldes	Catégories	Proportion par grade
Commis princ. de 1ʳᵉ classe.	11.000	2º cat.	
— — de 2º classe.	10.000	—	
— — de 3º classe .	9.000	—	
— — de 4º classe.	8.000	—	2/3 de l'effectif
— — de 5º classe.	7.000	—	
— — de 6º classe.	6.500	—	
Commis de 1ʳᵉ classe.......	5.500	3º cat.	
— de 2º classe.......	5.000	—	1/3 de l'effectif
— de 3º classe.......	4.500	—	

Peuvent être nommés commis de 3º classe les candidats pourvus d'un diplôme de bachelier ou du brevet supérieur de l'enseignement supérieur ayant subi avec succès les épreuves d'un concours dont le programme et les règles sont fixés par l'arrêté ministériel du 28 avril 1913 (*J. O.* de l'A. O. F., 1913, page 555).

Peuvent être nommés commis de 2e classe les sous-officiers rengagés comptant au moins dix ans de services, dont quatre ans dans le grade de sous-officier ; les militaires des armées de terre et de mer réformés n° 1, ou retraités par suite d'infirmités résultant de blessures ou de maladies contractées devant l'ennemi, au cours de la guerre 1914-1919, dans les conditions déterminées par les lois des 17 avril 1916 et 30 janvier 1923.

Enseignement

Cadre local de l'A. O. F. (instituteurs et institutrices)
Arrêté du Gouverneur Général du 1er avril 1921 (consulter le *J. O.* de l'A. O. F., 1921, pages 329, 420, 742 et 888).

Grades et classes	Soldes	Catégories	Pourcentage dans les grades
Instituteur ou institutrice principal :			
de 1re classe	11.000	2e cat.	
de 2e classe	10.500	—	
de 3e classe	10.000	—	40%
de 4e classe	9.500	—	
Instituteur ou institutrice :			
de 1re classe	9.000	3e cat.	
de 2e classe	8.200	—	
de 3e classe	7.400	—	
de 4e classe	6.600	—	60%
de 5e classe	5.800	—	
de 6e classe	5.000	—	
stagiaire	4.500	—	

Peuvent être nommés instituteur ou institutrice stagiaire les candidats titulaires du brevet supérieur de l'enseignement primaire métropolitain.

Les instituteurs ou institutrices des cadres métropolitain, algérien ou coloniaux peuvent également être admis dans le cadre de l'A. O. F., s'ils sont titulaires du brevet supérieur métropolitain et s'ils ont obtenu du Ministre de l'Instruction publique, en ce qui concerne les métropolitains, l'autorisation de servir aux colonies dans les conditions des décrets des 16 juin 1899, 30 octobre 1902, 4 février 1906 de la loi du 30 décembre 1913, et aux circulaires des 18 février et 20 mai 1914, et l'autorisation du Gouverneur Général ou du Gouverneur de la colonie où ils sont en service, en ce qui concerne les instituteurs des cadres coloniaux.

Ils prennent rang dans le cadre de l'A. O. F. à une classe correspondante à la solde qu'ils perçoivent dans leur corps d'origine, ou à une solde immédiatement supérieure à défaut de concordance.

Ils bénéficient, au moment de leur incorporation, d'une ancienneté égale à celle qu'ils possèdent dans la dite classe.

CONDUCTEURS DES TRAVAUX AGRICOLES ET FORESTIERS

Cadre local de l'A. O. F., organisé par arrêté du 18 octobre 1921 (*J. O.* de l'A. O. F., 1921, page 771).

Grades et classes	Soldes	Catégories	Proportions dans les grades et classes
Conducteur principal :			
de 1re classe après 3 ans.	12.000	2e cat.	
de 2e classe avant 3 ans.	11.000	—	
de 2e classe …………	10.000.	—	40%
de 3e classe …………	8.500	—	
de 4e classe …………	7.500	—	
Conducteur de 1re classe ..	6.500	3e cat.	
— de 2e classe ..	6.000	—	
— de 3e classe ..	5.500	—	60%
— de 4e classe ..	5.000	—	
— stagiaire……	4.500	—	

Peuvent être nommés conducteur stagiaire les candidats diplômés d'une des écoles ci après :

Ecole d'agriculture de Tunis, de Maison Carrée, du Maroc, des écoles pratiques d'agriculture et des fermes-écoles, des écoles d'horticulture de Versailles et de Villepreux, de l'Ecole coloniale du Havre, des centres d'apprentissage agricoles.

Les candidats pourvus, en outre, du diplôme d'ingénieur d'agriculture coloniale seront nommés directement *conducteurs de 4e classe.*

Travaux publics

Cadre local de l'A. O. F., organisé par arrêté du 1er avril 1921 (*J. O.* 1921, page 354).

Grades et classes	Soldes	Catégories
Dessinateur principal de 1re classe	9.000 / 8.500 / 8.000	2e cat
— de 2e classe.............	6.750	
— de 3e classe.............	6.000	
Dessinateur de 1re classe....................	5.500	
— de 2e classe	5.000	3e cat.
— de 3e classe	4.500	
— de 4e classe	4.000	
Agent comptable principal de 1re classe	9.000 / 8.500 / 8.000	2e cat.
— de 2e classe	6.750	
— de 3e classe	6.000	
Agent comptable de 1re classe	5.500	
— de 2e classe	5.000	3e cat.
— de 3e classe	4.500	
— de 4e classe	4.000	
Surveillant principal de 1re classe	9.000 / 8.500 / 8.000	2e cat.
— de 2e classe	6.750	
— de 3e classe	6.000	
Surveillant de 1re classe....................	5.500	
— de 2e classe....................	5.000	3e cat.
— de 3e classe....................	4.500	
— de 4e classe....................	4.000	
Chef ouvrier d'art de 1re classe..............	9.000 / 8.500 / 8.000	2e cat.
— de 2e classe	6.750	
— de 3e classe	6.000	
Ouvrier d'art de 1re classe..................	5.500	
— de 2e classe	5.000	3e cat.
— de 3e classe....................	4.500	
— de 4e classe..................	4.000	

Peuvent être nommés à un emploi de dessinateur de 4e classe, surveillant de 4e classe, ouvrier d'art de 4e classe, agent comptable de 4e classe :

1° Les militaires des armées de terre et de mer réformés n° 1, ou retraités par suite d'infirmités résultant de blessures ou de maladies contractées devant l'ennemi, au cours de la guerre 1914-1919, dans les conditions déterminées par la loi du 17 avril 1916 et du 30 janvier 1923 ;

2° Les militaires des armées de terre et de mer comptant au moins quatre années de services et classés par les soins du Ministre de la Guerre conformément aux dispositions de la loi sur le recrutement ;

3° Les candidats pouvant justifier en outre d'aptitudes à ces emplois.

Peuvent être nommés à un emploi de dessinateur, de surveillant, de comptable ou ouvrier d'art de 3e classe :

1° Les anciens sous-officiers, brigadiers et caporaux comptant au moins quatre années de services et classés par les soins du Ministre de la Guerre conformément à la loi sur le recrutement de l'armée ;

2° Les candidats pourvus des diplômes ci après : baccalauréat de l'enseignement secondaire, brevet supérieur de l'enseignement primaire, diplôme de sortie de l'Institut commercial de Paris, de l'Ecole coloniale du Havre, ou du certificat de fin d'études d'une école supérieure ou pratique de commerce reconnue par l'Etat, et pouvant justifier par des certificats ou des diplômes spéciaux de leurs aptitudes à cet emploi.

Pour l'emploi de comptable, diplôme d'une Ecole de comptabilité, certificat de teneur de livres de la Société de comptabilité de France ;

3° Les anciens sous-officiers, brigadiers ou caporaux du génie ou de l'artillerie pouvant justifier de deux années de pratique dans un emploi analogue dans un service administratif de travaux publics ou de chemin de fer métropolitain ou colonial.

Pour l'emploi d'ouvrier d'art, les anciens ouvriers des compagnies d'ouvriers de l'artillerie métropolitaine ou coloniale, des directions d'artillerie, et les anciens mécaniciens brevetés de la flotte, pouvant justifier de deux années de présence dans ces corps ou service.

29. Forgerons indigènes.

Planche XVI.

CHEMINS DE FER

Cadre local de l'A. O. F., organisé par arrêté du 1er avril 1921 (*J. O.* de l'A. O. F., page 350).

Ce cadre comprend :

1º Le personnel de l'Administration centrale et des bureaux ;
2º Le personnel de l'exploitation ;
3º Le personnel de la voie et des bâtiments ;
4º Le personnel du matériel et de la traction.

Grades et classes	Soldes	Catégories
1º Administration centrale et bureaux :		
Chef de comptabilité	12.000	1re cat. B.
Chef de bureau principal	11.000	
Chef de bureau	10.000	
Sous-chef de bureau de 1re classe.............	9.000	
— de 2e classe.............	8.000	2e cat.
	9.000	
Agent comptable ou dessinateur princ. 1re cl. .	8.500	
	8.000	
Agent comptable ou dessinateur princ. de 2e cl.	6.750	
— 3e cl.	6.000	
Agent comptable ou dessinateur de 1re classe ..	5.500	3e cat.
— de 2e classe ..	5.000	
— de 3e classe ..	4.500	
— de 4e classe ..	4.000	
2º Exploitation :		
Chef de service de 1re classe	13.000	1re cat. B.
— de 2e classe	12.000	
Inspecteur principal	11.000	
Inspecteur de 1re classe	10.000	
Inspecteur de 2e classe	9.000	
Sous-inspecteur	8.000	2e cat.
	9.000	
Chef de gare de 1re classe	8.500	
	8.000	
Contrôleur principal de 1re classe.............	8.000	
Chef de gare et contrôleur principal de 2e cl...	6.750	
Chef de gare et contrôleur principal de 3e cl.. .	6.000	
Sous-chef de gare et contrôleur de 1re classe ..	5.500	3e cat.
— de 2e classe ..	5.000	
— de 3e classe ..	4.500	
Facteur chef...	4.000	

3° Voie et bâtiment :

Chef de service de 1re classe	13.000	1re cat. B.
— de 2e classe	12.000	
Chef de section principal de 1re classe	11.000	
— de 2e classe	10.000	
Chef de section de 1re classe	9.000	2e cat.
— de 2e classe	8.000	
	9.000	
Chef de district principal de 1re classe	8.500	
	8.000	
— de 2e classe	6.750	
— de 3e classe	6.000	
Chef de district de 1re classe	5.500	3e cat.
— de 2e classe	5.000	
— de 3e classe	4.500	
— de 4e classe	4.000	

4° Traction :

Chef de service de 1re classe	13.000	1re cat. B.
— de 2e classe	12.000	
Chef de dépôt principal de 1re classe.........	11.000	
— de 2e classe.........	10.000	
Chef de dépôt	9.000	2e cat.
Sous-chef de dépôt......................	8.000	
	9.000	
Chef ouvrier de 1re classe	8.500	
	8.000	
— de 2e classe	6.750	
— de 3e classe	6.000	
Ouvrier d'art de 1re classe................	5.500	3e cat.
— de 2e classe	5.000	
— de 3e classe	4.500	
— de 4e classe	4.000	

Peuvent être nommés à un emploi d'agent comptable de 4e classe, de facteur chef, de chef de district de 4e classe, de dessinateur de 4e classe, d'ouvrier d'art de 4e classe, les candidats remplissant les conditions indiquées plus haut pour les emplois de la 4e classe des Travaux publics.

Peuvent être nommés à un emploi d'agent comptable de 3e classe, de sous-chef de gare de 3e classe, de chef de district de 3e classe, de dessinateur de 3e classe, d'ouvrier d'art de 3e classe, les candidats remplissant les conditions indiquées pour les emplois de la 3e classe des Travaux publics.

Pour l'emploi d'agent comptable de 3e classe, les anciens ser-

gents-majors de toutes armes justifiant d'au moins deux années
de service dans ce grade.

Peuvent être nommés sous-chef de bureau de 2ᵉ classe, les
candidats titulaires d'une licence ou d'un diplôme équivalent
et pouvant justifier d'au moins une année de présence dans un
service de contentieux d'une administration de chemin de fer
publique ou privée.

Peuvent être nommés sous-inspecteur de l'exploitation, chef
de section de 2ᵉ classe sous-chef de dépôt, les candidats possédant l'un des titres et diplômes énumérés ci-après, licence de
quelque ordre que ce soit :

Diplôme délivré par le Ministre du Commerce aux élèves
sortant des Ecoles supérieures de commerce reconnues par l'Etat,
des Ecoles d'Art et Métiers, ou de toute autre école d'un niveau
d'études scientifiques au moins égal à celui des Ecoles d'Arts et
Métiers, brevet d'officier du génie ou d'artillerie de l'armée
active et pouvant, en outre, justifier au moins de deux années de
fonctions analogues dans l'exploitation d'un chemin de fer.

ANNEXES

RÉGIME FONCIER

1. — *DÉCRET du 11 août 1920, organisant le domaine et le régime des terres domaniales au Togo et au Cameroun.*

RAPPORT AU PRÉSIDENT DE LA RÉPUBLIQUE FRANÇAISE

Paris, le 11 août 1920.

Monsieur le Président,

Au moment où des mesures vont être prises pour la liquidation des biens sequestrés au Togo et au Cameroun, il est nécessaire d'organiser le domaine et le régime des terres domaniales dans ces pays.

Le domaine public me paraît pouvoir être déterminé et réglementé dans les mêmes conditions que celles qui ont été adoptées pour l'Afrique Occidentale Française et pour l'Afrique Équatoriale Française.

Quant aux terres domaniales, j'ai cru devoir adopter les dispositions prévues au titre II du décret du 23 octobre 1904, portant organisation du domaine en Afrique Occidentale Française, en apportant toutefois à cet acte diverses modifications, d'accord avec les autorités françaises au Togo et au Cameroun.

En ce qui concerne les exploitations forestières et des forces hydrauliques, il sera fixé par des arrêtés spéciaux du Commissaire de la République, soumis à l'approbation du Gouverneur général, soit de l'Afrique Occidentale, soit de l'Afrique Équatoriale Française.

Tel est le projet de décret que j'ai l'honneur de soumettre à votre haute sanction.

Je vous prie d'agréer, Monsieur le Président, l'hommage de mon profond respect.

Le Ministre des Colonies,

A. SARRAUT.

DÉCRET

LE PRÉSIDENT DE LA RÉPUBLIQUE FRANÇAISE,

Sur le rapport du Ministre des Colonies,

DÉCRÈTE :

Du Domaine public

ARTICLE PREMIER. — Le Domaine public est déterminé et réglementé, au Togo et au Cameroun, dans les mêmes conditions qu'en Afrique Occidentale Française ou en Afrique Équatoriale Française, suivant qu'il s'agit de l'un ou de l'autre pays.

Des terres domaniales

ART. 2. — Les terres vacantes et sans maître, dans les Territoires du Togo et du Cameroun, appartiennent à l'État.

Les terres formant la propriété collective des indigènes ou que les chefs indigènes détiennent comme représentants de collectivités indigènes ne peuvent être cédées à des particuliers, par voie de vente ou de location, qu'après approbation par arrêté du Commissaire de la République, en Conseil d'Administration.

L'occupation de la partie de ces terres qui serait nécessaire pour la création de centres urbains, pour des constructions ou travaux d'utilité publique, est prononcée par le Commissaire de la République, en Conseil d'Administration, qui statue sur les compensations que peut comporter cette occupation.

ART. 3. — L'aliénation des terres domaniales est soumise aux règles suivantes :

1º Les lots de terrains urbains compris dans un plan de lottissement arrêté par le Commissaire de la République, en Conseil d'Administration, et les concessions de moins de 100 hectares sont accordés par le Commissaire de la République, en Conseil d'Administration, aux conditions déterminées dans chaque cas par l'acte de concession lui-même, suivant le lieu, la nature du sol et l'exploitation à entreprendre.

En ce qui concerne les lots urbains, chaque adjudicataire ne pourra obtenir qu'un lot, avec obligation de le mettre en valeur suivant les conditions et les délais fixés par le cahier des charges ;

2º Les lots situés dans le périmètre des ports et des gares de chemins de fer et compris dans un plan de lotissement arrêté par le Commissaire de la République, en Conseil d'Administration, ainsi que les concessions portant sur une étendue comprise entre 100 et 1.000 hectares, sont accordés par le Gouverneur Général soit de l'Afrique Équatoriale Française, soit de l'Afrique Occidentale Française sur la proposition du Commissaire de la République, après avis du Conseil d'Administration ;

3º Les concessions portant sur une étendue supérieure à 1.000 hectares sont accordées par décret rendu sur le rapport du Ministre des Colonies, sur la proposition du Gouverneur Général, et après avis de la Commission des concessions coloniales.

Dans ces deux derniers cas, les conditions de la concession sont stipulées dans un cahier des charges annexé à l'acte de concession qui fixe également le taux des redevances.

ART. 4. — Le régime des exploitations forestières et des forces hydrauliques sera fixé par des arrêtés spéciaux du Commissaire de la République, en Conseil d'Administration, soumis à l'approbation du Gouverneur Général, soit de l'Afrique Équatoriale Française, soit de l'Afrique Occidentale Française.

ART. 5. — L'octroi de toute concession devra être précédé d'une publicité suffisante pour que tous les intérêts en cause puissent se produire et être examinés utilement avant l'établissement de l'acte de concession.

L'acte de concession devra faire mention des conditions de cette publicité et être inséré au *Journal Officiel du Togo et du Cameroun*, suivant qu'il s'agit de l'un ou de l'autre pays.

ART. 6. — Sont abrogées toutes dispositions antérieures contraires au présent décret.

ART. 7. — Le Ministre des Colonies est chargé de l'exécution du présent décret, qui sera inséré au *Journal Officiel de la République française*, au *Bulletin des Lois* et au *Bulletin Officiel du Ministère des Colonies*.

Fait à Rambouillet, le 11 août 1920.

P. DESCHANEL.

Par le Président de la République :

Le Ministre des Colonies,

A. SARRAUT.

***

2. — *ARRÊTÉ du 6 avril 1922, déterminant les conditions d'application du décret du 11 août 1920 sur le domaine privé de l'Etat dans les territoires du Togo.*

Le Gouverneur des Colonies,
Chevalier de la Légion d'honneur,
Commissaire de la République,

Vu le décret du 23 mars 1921, déterminant les attributions et les pouvoirs du Commissaire de la République au Togo ;

Vu le décret du 11 août 1920, portant organisation du domaine au Togo,

ARRÊTE :

TITRE I

Détermination des différentes catégories de terrains

ARTICLE PREMIER. — Les terrains du Togo faisant partie du domaine privé de l'État se répartissent entre les catégories suivantes :

1º Terrains ayant fait l'objet, au profit de l'Etat allemand, d'une approbation régulière ;

2º Terrains situés autour des villages, sur lesquels les indigènes pratiquent leurs cultures, recueillent ce qui est nécessaire à leur existence, font paître leurs troupeaux, etc., mais sur lesquels ils n'ont en fait, qu'un droit d'usage et non de propriété ;

3º Terrains vacants et sans maître.

TITRE II

Aliénation des différentes catégories de terrains

ART. 2. — 1ʳᵉ Catégorie. Les terrains qui ont fait l'objet d'une appropriation régulière au profit de l'État allemand rentrent dans le domaine privé de l'État français et leur aliénation ne peut s'effectuer que conformément aux dispositions prévues ci-après pour l'aliénation des biens vacants et sans maître.

ART. 3. — 2ᵉ Catégorie. Ces terrains constituent ce qu'on est généralement convenu d'appeler les réserves indigènes.

Les indigènes qui les exploitent ne possèdent sur les fonds qu'un droit d'usage et non de propriété. Ils ne peuvent, en aucun cas, les aliéner. L'aliénation de ces terrains est soumise aux dispositions édictées pour le domaine privé de l'État, avec cette différence, toutefois, qu'elle peut donner lieu à des compensations ou des indemnités pour les usagers.

La détermination des réserves indigènes sera effectuée par les soins des chefs de circonscription, qui en dresseront le plan au fur et à mesure de leurs déplacements et le soumettront à l'approbation du Commissaire de la République.

Une carte d'ensemble sera dressée par le service cartographique du chef-lieu.

ART. 4. — 3ᵉ Catégorie. Les terrains vacants et sans maître font partie du domaine privé de l'État. Ils se divisent en terrains urbains et ruraux. Ils peuvent être aliénés, aux conditions spécifiées ci-après, à tout demandeur européen ou indigène apte à posséder au Togo.

a) *Terrains urbains*

ART. 5. — Sont considérés comme centres urbains, tous les chefs-lieux de circonscription, de subdivision, ainsi que les localités nommément désignés par arrêté du Commissaire de la République.

Le périmètre des centres urbains est également fixé par arrêté, sur la proposition du chef de circonscription.

ART. 6. — Dans l'intérieur du périmètre de chaque centre urbain, les terrains faisant partie du domaine privé de l'État fait l'objet d'un plan de lotissement après l'observation des formalités suivantes :

Pour chaque centre urbain, le chef de circonscription établit le plan des terrains réputés vacants et sans maître, soit en une fois pour l'ensemble de la surface comprise dans le périmètre urbain, soit successivement et par lots d'étendue aussi vaste que possible, au fur et à mesure des renseignements qu'il aura pu recueillir.

Un exemplaire de ce plan est conservé au chef-lieu de la circonscription, un autre est envoyé au Commissaire de la République pour être transmis au Receveur des domaines. Dès sa réception, celui-ci fait insérer au *Journal Officiel* de la Colonie un avis informant le public que ces plans sont tenus à sa disposition au bureau des domaines, au chef-lieu et au bureau de la circonscription intéressée.

L'insertion de l'avis au *Journal Officiel* ne pourra, toutefois, avoir lieu qu'après que, grâce à des palabres organisés à cet effet et dont le Receveur du domaine devra recevoir avis, les indigènes intéressés auront été mis au courant, par le chef de circonscription, du lotissement projeté et prévenus des moyens de droit qui leur sont donnés pour faire valoir leurs intérêts.

Un délai d'un mois, courant pour le chef-lieu depuis la date du *Journal Officiel* et pour le lieu des terrains, de la date à laquelle l'arrivée du *Journal Officiel* au chef-lieu de la circonscription dont dépend le centre urbain aura été portée à la connaissance de la population indigène intéressée, est imparti pour la production des réclamations qui doivent être adressées au chef de circonscription. Celui-ci les transmet avec son avis au Commissaire de la République, qui statue en Conseil d'Administration.

En cas de rejet, le délai pour recours au Conseil du contentieux administratif commence à courir du jour de la notification du rejet. Toute réclamation non introduite dans les délais n'est pas recevable.

Toute réclamation non justifiée pourra être punie d'une amende de 1 à 1.000 francs fixée, par le Commissaire de la République, en Conseil d'Administration.

ART. 7. — Aussitôt que les terrains à lotir ont été reconnus domaine privé de l'Etat, par suite, soit de l'absence, soit du rejet de toutes réclamations, le chef de circonscription établit le plan définitif de lotissement qui détermine les formes et dimensions des lots, les rues, avenues et places publiques, indique les lots réservés pour les besoins des services publics, et qui prévoit, chaque fois que c'est possible, la création de deux quartiers distincts, l'un pour la population européenne, l'autre pour la population indigène.

Art. 8. — Le plan du lotissement est soumis à l'approbation du Commissaire de la République, en Conseil d'Administration, en même temps qu'un projet de cahier des charges comportant pour chaque lot les conditions, basées sur les circonstances locales, qui paraissent au chef de circonscription devoir être imposées à l'adjudicataire ou au concessionnaire.

Le cahier des charges doit obligatoirement indiquer :

1º Que l'adjudicataire ou concessionnaire est tenu à l'observation des clauses générales prévues par le présent arrêté ;

2º Que le concessionnaire ou adjudicataire est tenu de déclarer par écrit qu'il ne possède déjà dans la localité, soit sous son nom, soit sous le nom d'un tiers, plus de deux lots ; toute fausse déclaration entraînant *ipso facto*, pendant une période de dix ans, l'annulation du contrat et exposant son auteur à des dommages-intérêts envers l'Administration ;

3º Que l'adjudication ou la concession ne devient définitive qu'après l'expiration du délai fixé pour le bornage, la mise en valeur et la construction des bâtiments ;

4º Que ces bâtiments devront être construits en tels ou tels matériaux durables et devront répondre à certaines conditions déterminées au point de vue de l'esthétique, de l'hygiène, etc ;

5º Que l'adjudicataire ou concessionnaire s'engage à ne pas louer ni céder, à titre gratuit ou onéreux, son lot pendant la période d'occupation provisoire, et, en outre, pendant une période de dix ans, à compter de la délivrance du titre définitif, à aucun particulier ni à aucune société déjà installée au Togo au moment de l'attribution dudit lot ; ceci sous peine du retrait du lot et de dommages-intérêts.

Art. 9. — Dès l'approbation du plan de lotissement et du cahier des charges, avis est donné au public par le Receveur des domaines par la voie du *Journal Officiel*. Un délai de deux mois courant au chef-lieu de la date du *Journal Officiel* et dans la circonscription où se trouvent les lots à aliéner du jour d'arrivée du *Journal Officiel* au chef-lieu de la circonscription est accordé aux personnes désireuses de prendre part à l'adjudication, à l'effet de faire connaître leurs intentions au chef de circonscription. Cette déclaration est obligatoire pour pouvoir participer aux enchères.

Art. 10. — A l'expiration de ce délai, les lots à aliéner font l'objet d'une adjudication au siège de la circonscription, par les soins soit du Receveur des domaines, soit du chef de circonscription, agissant aux lieu et place du Receveur des domaines. Chaque lot comporte une adjudication spéciale avec mise à prix minima fixée par le cahier des charges, et est attribué, en cas de concurrence, au plus fort et dernier enchérisseur, sous réserve de l'approbation, par arrêté du Commissaire de la République, et de l'application des dispositions de l'article 21 ci-après.

Art. 11. — Si le chef de circonscription n'a été saisi que d'une seule déclaration de participation aux enchères, celles-ci n'ont pas lieu, et le lot est concédé directement à l'auteur de cette déclaration par le Commissaire de la République, suivant les conditions et le prix maximum fixé dans le cahier des charges pour l'adjudication.

Art. 12. — Si après l'avis de mise en adjudication de terrains qui viennent d'être alotis, aucun enchérisseur éventuel ne fait de déclaration au chef de la circonscription intéressée, l'adjudication n'a pas lieu et est reportée jusqu'à l'introduction d'une demande de mise aux enchères.

En ce cas, les mesures de publicité, les délais et les prescriptions à observer pour l'attribution du lot sont celles fixées plus haut pour la première mise aux enchères qui suit le lotissement des terrains.

Art. 13. — L'attribution provisoire d'un lot urbain, qu'elle résulte d'une adjudication ou d'un acte de concession, est sanctionnée par arrêté du Commissaire de la République, pris en Conseil d'Administration, sur le vu du procès-verbal d'adjudication ou d'annulation des enchères, dressé par le Receveur des domaines ou le chef de circonscription.

Art. 14. — Le cahier des charges détermine le mode de paiement.

Art. 15. — L'attribution en pleine propriété du lot adjugé ou concédé n'a lieu qu'après l'exécution de toutes les clauses et conditions prévues au cahier des charges.

Cette exécution est constatée par un rapport du chef de circonscription, au vu duquel le Commissaire de la République, après avoir pris l'avis du service des domaines, délivre, par arrêté en Conseil d'Administration, le titre de propriété définitif.

Art. 16. — La non-exécution des clauses et conditions prévues au cahier des charges dans les délais fixés entraîne *ipso facto* le retour du terrain à l'État. Cette mesure fait l'objet d'un arrêté du Commissaire de la République, en Conseil d'Administration. Ce n'est qu'en cas de circonstances exceptionnelles et indépendantes de sa volonté que l'adjudicataire ou concessionnaire peut obtenir du Commissaire de la République des délais supplémentaires. Ceci est une faculté et non un droit.

Art. 17. — Les conditions de remboursement du prix versé pour le terrain, en cas de retour à l'État, sont fixées par le cahier des charges, ainsi que les retenues à effectuer sur ce remboursement au profit de l'État à titre d'indemnité pour non-exécution du cahier des charges.

Art. 18. — Si des installations existent déjà sur le terrain, l'Administration a le droit de les reprendre à dire d'expert. Si elle renonce à ce droit, un délai de trois mois est accordé à l'adjudicataire ou concessionnaire évincé pour enlever lesdites installations, matériaux, objets mobilier, etc. L'Administration devient propriétaire, à l'expiration du délai, de tout ce qui n'aura pas été enlevé, et, ce, sans indemnité.

Art. 19. — En cas de décès, de faillite ou de liquidation judiciaire du concessionnaire ou de l'adjudicataire provisoire, les héritiers ou les créanciers lui sont substitués de plein droit, sur la production de titres authentiques constatant les droits des requérants à la succession ou à la liquidation.

Ils doivent, s'ils ne sont pas présents, se faire représenter par un mandataire spécial dans un délai maximum d'une année, à partir du jour du décès, ou de la mise en faillite ou en liquidation, faute de quoi, leurs droits deviennent caducs et le terrain fait retour à l'État. Le mandataire est tenu d'achever la mise en valeur pour que ses mandants puissent obtenir le titre définitif de propriété. Par exception à l'article 8, 5°, le lot urbain, devenu propriété des héritiers ou des créanciers de l'adjudicataire ou concessionnaire décédé, ou mis en faillite ou en liquidation, peut être vendu à n'importe quelle époque, à toute personne ou à toute société, après approbation du Commissaire de la République.

Art. 20. — Dans les localités où l'Administration n'aura pas encore procédé au lotissement, le Commissaire de la République peut délivrer, sur la proposition du chef de circonscription, à toute personne qui en fait la demande, un permis autorisant l'occupation immédiate et provisoire d'un terrain, aux risques et périls du demandeur, qui n'est autorisé qu'à édifier des constructions facilement démontables.

Le permis porte indication de la surface à occuper, des obligations à remplir par l'occupant, du montant de la redevance à acquitter et du délai de préavis en cas d'éviction. Défense est faite de sous-louer un terrain ainsi occupé, sous peine de retrait du permis d'occupation.

Il ne peut être accordé à une même personne plus d'un permis d'occuper dans chaque localité.

Art. 21. — Toute personne occupant dans ces mêmes conditions un terrain dans un centre urbain non loti peut, si ce terrain est mis ultérieurement aux enchères, après lotissement, obtenir par privilège spécial l'attribution du lot sur lequel elle est établie, au prix maximum atteint par les enchères et par préférence au dernier enchérisseur, en faisant connaître son intention au chef de circonscription dans les quinze jours francs qui suivent l'adjudication ; elle peut également obtenir la concession de ce lot, au prix minimum du cahier des charges, en cas d'asbence de concurrence.

Art. 22. — En cas de lotissement de terrains urbains devant cons-

tituer un quartier réservé exclusivement aux indigènes, les formalités
à remplir (enquête sur la propriété des terrains, établissement d'un
plan de lotissement et d'un cahier des charges à soumettre à l'approbation du Commissaire de la République) sont les mêmes que celles
stipulées plus haut.

Toutefois, l'attribution provisoire par voie d'adjudication ou de
concession est prononcée par le chef de circonscription. En cas d'absence de concurrence pour un lot, celui-ci peut être attribué gratuitement à tout indigène s'engageant à remplir les conditions du cahier
des charges.

Seule la délivrance du titre définitif est faite par le Commissaire de
la République, en Conseil d'Administration, sur le rapport du chef de
circonscription certifiant l'exécution des clauses du cahier des charges.

Art. 23. — Des autorisations provisoires d'occupation de terrain
domanial peuvent être délivrées par le chef de circonscription aux
indigènes, dans les zones à réserver pour les quartiers indigènes, en
attendant le lotissement de ces zones.

Le permis porte indication de la surface à occuper, des obligations à
remplir par l'occupant, du montant de la redevance à acquitter, celle-ci
pouvant être réduite à 1 franc, et du délai de préavis en cas d'éviction.

Un terrain ainsi occupé ne peut être sous-loué.

Aucun indigène ne peut obtenir plus d'un permis par localité.

Les prescriptions formulées précédemment pour le cas de mise aux
enchères d'un terrain déjà occupé sont applicables aux zones réservées
aux quartiers indigènes.

En cas d'absence de concurrence, l'indigène peut obtenir gratuitement la concession du lot.

Art. 24. — Dans les centres urbains où la création de quartiers distincts (européen et indigène) est impossible, le même régime est
appliqué aux Européens et aux indigènes, qui ont les mêmes droits et
les mêmes devoirs.

b) Terrains ruraux

Art. 25. — Les terrains ruraux sont les terrains sis en dehors des
périmètres urbains. Leur attribution, quand leur superficie ne dépasse
pas 1.000 hectares, est prononcée par le Commissaire de la République.

**Dispositions communes à l'aliénation
de tous les terrains ruraux**

Art. 26. — Toute personne désirant un terrain rural de moins de
1.000 hectares adresse au Commissaire de la République, par l'intermédiaire du chef de la circonscription où se trouve le terrain, une
demande indiquant ses noms et prénoms, ses lieu et date de naissance,
son domicile et le genre d'exploitation projeté.

Si la demande est faite au nom d'une société, une copie des actes constitutifs, déposée au greffe des pouvoirs du demandeur, doit être jointe à la requête, laquelle doit être, en outre, accompagnée d'un croquis indiquant la situation par rapport à des points déjà connus, la contenance approximative, les limites générales du terrain.

ART. 27. — Le chef de circonscription établit alors un cahier des charges, dont les clauses sont basées tant sur l'exploitation projetée que sur les conditions locales et transmet le dossier au Commissaire de la République qui, après avis du Receveur des domaines, l'approuve avec ou sans modification. Notification de la décision du Commissaire de la République, concernant les conditions auxquelles doit être subordonné l'octroi de la concession, est faite au demandeur, qui fait connaître qu'il accepte ces conditions.

ART. 28. — L'accord préalable étant réalisé, le Receveur des domaines rend publique la demande, tant par insertion au *Journal Officiel du Togo* que par des affiches apposées dans son bureau ; la demande est, en outre, affichée dans les bureaux de la circonscription dans laquelle le terrain est situé, ainsi que dans les différents villages situés dans le voisinage immédiat du terrain dont la concession est sollicitée.

L'insertion au *Journal Officiel* de la demande ne pourra avoir lieu qu'après que la population indigène intéressée aura été mise au courant par l'Administration, au moyen de palabres organisés à cet effet et dont le Receveur des domaines devra être averti, de la demande de concession et des moyens de droit dont elle dispose pour faire valoir ses intérêts.

ART. 29. — Le délai pour faire opposition à une demande de concession rurale est fixé à un mois ; il commence à courir au chef-lieu de la date du *Journal Officiel* où l'avis est inséré ; dans la circonscription intéressée, du jour où l'arrivée du *Journal officiel* au chef-lieu de cette circoncription aura été notifiée à la population indigène.

ART. 30. — En cas d'opposition, le Commissaire de la République statue dans le délai d'un mois. Si la réclamation est rejetée, le délai de recours au Conseil du contentieux administratif commence à courir du jour de la notification de la décision du Commissaire de la République à l'opposant.

Toute opposition qui ne se produit pas dans les délais fixés ci-dessus n'est pas recevable.

Toute opposition non justifiée pourra exposer son auteur à une amende d'un maximum de 1.000 francs, dont le montant est fixé par le Commissaire de la République en Conseil d'Administration.

ART. 31. — Au cours du délai d'un mois, fixé comme il est dit ci-dessus pour recevoir les oppositions à une demande de terrain rural, toute personne est admise à prendre connaissance du cahier des charges déposé, au chef-lieu, au bureau du Receveur des domaines, et, dans la circonscription intéressée, au bureau du chef de cette circonscription, et à adresser à ce dernier, en même temps qu'une déclaration d'acceptation préalable du cahier des charges, une demande tendant à se voir attribuer le terrain soumis à l'enquête.

En ce cas, il est procédé à une adjudication entre les concurrents, dans les conditions adoptées pour les lots urbains.

Chaque concurrent est informé, par le chef de circonscription, de la date des enchères. L'attribution du terrain est faite au plus fort et dernier enchérisseur, sous réserve de l'approbation, par arrêté du Commissaire de la République, et de l'application des dispositions de l'article 32. Le prix minimum de l'adjudication est celui fixé au cahier des charges.

Seules peuvent prendre part à l'adjudication les personnes ayant fait dans les délais leur déclaration au chef de circonscription, qu'elles désirent concourir pour l'attribution du terrain.

ART. 32. — Toute personne ou société ayant, précédemment, à la promulgation du présent arrêté, obtenu un permis d'occupation provisoire d'un terrain rural, peut, en cas d'adjudication, et si elle a strictement exécuté les clauses inscrites au dit permis, réclamer en sa faveur l'application des dispositions de l'article 21.

ART. 33. — En cas de non-concurrence et de non-opposition, la concession provisoire du terrain est accordée au demandeur par arrêté du Commissaire de la République en Conseil d'Administration. En cas d'adjudication, le résultat de celle-ci doit également être sanctionné par arrêté du Commissaire de la République en Conseil d'Administration.

ART. 34. — L'attribution en pleine propriété du terrain concédé ou adjugé n'a lieu qu'après l'expiration des délais et l'exécution des clauses prévues au cahier des charges.

Elle est prononcée par arrêté du Commissaire de la République en Conseil d'administration.

En cas d'inexécution des clauses, l'annulation de l'arrêté d'attribution d'un terrain rural est également prononcée par arrêté du Commissaire de la République en Conseil d'Administration.

Les dispositions édictées par les articles 16, 17 et 18, en cas de nonexécution du cahier des charges pour les lots urbains, sont applicables aux terrains ruraux.

ART. 35. — La constatation de l'état de l'exploitation à l'expiration des délais fixés pour le bornage, la mise en valeur, etc., ainsi qu'au moment de l'arrêté d'attribution définitive, est effectuée par une Commission composée de l'administrateur de la circonscription ou de son délégué, d'un fonctionnaire désigné par l'Administration, et de deux membres désignés par le concessionnaire ou adjudicataire. Cette

Commission dresse un procès-verbal de ses opérations, qui est transmis au Commissaire de la République.

Si, dans le délai d'un mois, après les dates fixées par le cahier des charges pour l'exécution des conditions qui y sont insérées, le concessionnaire n'a pas désigné ses représentants à l'expertise, il est passé outre, et l'avis des deux membres fonctionnaires de la Commission est suffisant pour l'établissement d'un procès-verbal de constatation.

Art. 37. — Le cahier des charges indique le prix fixé pour la concession du terrain, prix qui sert de base aux enchères en cas de concurrence. Il détermine également les conditions de paiement.

Art. 37. — Sauf clause contraire inscrite au cahier des charges, la mise en valeur doit être réalisée dans un délai maximum de six ans ; la Commission prévue à l'article 35 constate à certaines époques, fixées aux articles 50, 52, 53, 55, 56, 58 et 59, si les progrès de l'exploitation sont en conformité avec les obligations imposées aux concessionnaires ou adjudicataires par les dispositions spéciales relatives à la mise en valeur des diverses catégories de terrains ruraux (articles 49 à 59 inclus).

Art. 38. — Tout concessionnaire ou adjudicataire dont le terrain peut être considéré comme définitivement en valeur, peut demander à toute époque la réunion de la Commission de constatation, et, sur son avis favorable, obtenir sans délai son titre définitif de propriété contre versement du restant du prix d'acquisition dudit terrain.

Art. 39. — Le titre d'attribution provisoire du terrain n'est remis à l'acquéreur que contre versement :

1o La première tranche du prix du terrain, telle qu'elle est stipulée au cahier des charges ;

2o D'une provision fixée à 1 franc par hectare pour les travaux ultérieurs de délimitation, la somme ainsi versée devant venir en déduction du montant des frais occasionnés par le bornage et le levé du plan d'immatriculation ;

3o D'une somme égale à 10 % du prix total pour frais de timbre d'enregistrement, de publicité, etc.

Art. 40. — Les attributions des terrains ruraux ne comprennent que la jouissance et l'exploitation de la surface ; les produits du sous-sol et notamment tous les gîtes naturels de substances minérales sont réservés, de même que l'utilisation des forces hydrauliques.

Toutefois, les carrières de matériaux de construction sont comprises dans les dites attributions, étant biene ntendu que leur exploitation reste soumise aux règlements en vigueur sur la matière.

Art. 41. — Le domaine public de l'Etat (cours d'eau et voies de communication notamment) qui borne un terrain rural où se trouve englobé dans ce terrain, est exclu de droit de tout acte d'aliénation et ne peut faire l'objet d'aucune appropriation particulière.

ART. 42. — Toute concession partielle ou totale, définitive ou temporaire, à titre onéreux ou à titre gratuit du droit de possession provisoire d'un terrain rural, doit être préalablement soumise à l'approbation du Commissaire de la République en Conseil d'Administration. Faite sans l'agrément de l'Administration, elle entraîne de plein droit le retrait du titre et les pénalités pécuniaires prévues par le cahier des charges.

Les terrains ruraux sont attribués sous la réserve expresse des droits des tiers et sans garantie de contenance, et, qu'en cas de recours, l'Administration n'est tenue à aucune indemnité ni à aucune restitution redevance à ce titre.

ART. 43. — Le concessionnaire ou adjudicataire provisoire ou définitif ne pourra davantage réclamer une indemnité à l'Administration en raison des dommages qu'il viendrait à éprouver par le fait, soit de l'insécurité du pays, soit de l'émeute ou de la révolte des indigènes, soit de la guerre avec une puissance étrangère, soit de tous autres cas fortuits.

ART. 44. — L'Administration se réserve le droit de reprendre, à une époque quelconque, le libre usage des terrains qui seraient nécessaires aux besoins des services de l'État ou de la colonie et à tous les travaux d'utilité publique.

Cette reprise a lieu :

1° Moyennant le remboursement du prix déjà versé pour la surface reprise, si ces terrains ne sont pas encore devenus propriété privée ;

2° Au cas contraire, moyennant une indemnité à fixer de concert entre l'Administration et le concessionnaire ou adjudicataire, en cas de désaccord, il est statué par le tribunal compétent ; l'expertise est obligatoire si elle est demandée par l'une des parties, et il y est procédé dans les formes prévues par les articles 362 et suivants du Code de procédure civile.

ART. 45. — L'Administration se réserve également le droit de constituer des servitudes de passage auxquelles le concessionnaire ou adjudicataire sont soumis, moyennant une indemnité fixée dans les conditions du § 3 de l'article précédent.

ART. 46. — En cas de décès, de faillite ou de liquidation judiciaire du concessionnaire ou de l'adjudicataire provisoire, les héritiers ou les créanciers lui sont substitués de plein droit, sur la production de titres authentiques constatant les droits de requérants à la succession ou à la liquidation.

Ils doivent, s'ils ne sont pas présents, se faire représenter par un mandataire spécial, dans un délai maximum d'une année, à partir du jour du décès ou de la mise en faillite ou en liquidation, faute de quoi leurs droits deviennent caducs et le terrain fait retour à l'État. Le mandataire est tenu d'achever la mise en valeur, pour que ses mandants puissent obtenir le titre définitif de propriété ; il peut également, conformément à l'article 42, demander au Commissaire de la République le droit de céder ses droits d'occupation provisoire.

Art. 47. — Toutes les constatations entre l'Administration et les concessionnaires ou adjudicataires sont soumises à la juridiction administrative.

Dispositions spéciales aux différentes catégories de terrains ruraux

Art. 48. — Les terrains ruraux sont divisés en trois catégories principales : les stipulations des cahiers des charges doivent tenir obligatoirement compte, en même temps que des dispositions d'ordre général prévues aux articles précédents, des dispositions spéciales relatives aux différentes catégories de terrains, notamment pour les clauses concernant la mise en valeur progressive des terrains, leur prix et les conditions de leur paiement.

Ces trois catégories sont les suivantes :

1º Terrains d'élevage et de cultures vivrières ;

2º Terrains de cultures moyennes ;

3º Terrains de cultures riches.

Art. 49. — 1ʳᵉ catégorie : a) *Mise en valeur des terrains d'élevage.* — Un terrain d'élevage est considéré comme mis en valeur lorsque des troupeaux d'animaux domestiques sont entretenus régulièrement sur le dit terrain depuis deux ans au moins, à raison d'un minimum de 60 têtes de gros bétail ou de 250 têtes de petit bétail par 100 hectares, et proportionnellement pour les superficies moindres. Les terrains d'élevage sont affermés aux enchères pour une durée de vingt-cinq ans, sauf renouvellement de droit au profit de l'éleveur qui se sera conformé aux conditions de mise en valeur prescrites par le présent article et l'article 50.

Art. 50. — Sous peine de déchéance ou de réduction de terrain, l'adjudicataire ou concessionnaire est tenu :

1º Dans un délai d'un an, à compter de la date d'arrêté d'attribution, de borner provisoirement son terrain, et, après avoir aménagé les pâturages et édifié les bâtiments d'abri nécessaires, d'entretenir sur ledit terrain au moins un quart du troupeau total prévu ;

2º A la fin des 2ᵉ, 3ᵉ et 4ᵉ année d'exploitation, d'être en mesure de démontrer à la Commission de constatation qu'il entretient respectivement au moins la moitié, les trois quarts et la totalité du troupeau prévu et a aménagé les pâturages et édifié les bâtiments d'abri nécessaires au nombre d'animaux élevés sur le terrain.

Des dispositions particulières peuvent être prévues au cahier des charges en cas d'épidémies.

Art. 51. — b) *Mise en valeur des terrains de cultures vivrières*. — On désigne sous le nom de cultures vivrières la culture de tous produits servant à l'alimentation des Européens et des indigènes.

Art. 52. — Un terrain de cultures vivrières est considéré comme mis en valeur lorsque le quart au moins de sa surface est cultivé méthodiquement et régulièrement en produits vivriers.

Art. 53. — Sous peine de déchéance ou de réduction de terrain : 1º le bornage provisoire des terrains et l'édification des bâtiments nécessaires à l'exploitation doivent être effectués dans les six mois ; 2º par rapport à la surface totale à cultiver, la surface cultivée doit être, à l'expiration de la 2e, de la 4e, de la 5e et de la 6e année, respectivement égale au minimum au 2/6e, 4/6e, 5/6e et 6/6e de cette surface totale. La constatation en est faite par la Commission prévue à l'article 35.

Art. 54. — 2e catégorie : *Terrains ruraux de cultures moyennes.* — Sont compris dans cette catégorie les terrains réservés à la culture de tous les produits destinés à l'exportation, à l'exception de ceux faisant partie de la 1re catégorie et de la 3e catégorie.

Art. 55. — *Mise en valeur.* — Un terrain rural de 2e catégorie est considéré comme mis en valeur lorsque le 1/6e au moins de sa surface est cultivé méthodiquement et régulièrement en produits d'exportation de la 2e catégorie.

Art. 56. — Sous peine de déchéance ou de réduction de terrains : 1º le bornage provisoire des terrains et l'édification des bâtiments nécessaires à l'exploitation doivent être effectués dans les six mois ; 2º la mise en valeur progressive doit être faite conformément aux dispositions de l'article 53, 2º.

Art. 57. — 3e catégorie : *Terrains ruraux de cultures riches.* — Sont compris dans cette catégorie les terrains réservés à la culture des produits suivants destinés à l'exportation : cacao, palmiste, coprah, café.

Art. 58. — Un terrain rural de la 3e catégorie est considéré comme mis en valeur lorsque 1/8e au moins de sa superficie est cultivé méthodiquement et régulièrement en produits d'exportation de 3e catégorie.

Art. 59. — Sous peine de déchéance ou de réduction de terrain : 1º le bornage provisoire des terrains et l'édification des bâtiments nécessaires à l'exploitation doivent être effectués dans les six mois ; 2º la mise en valeur progressive doit en être faite conformément aux dispositions de l'article 53, 2º.

ART. 60. — Une concession de la 2e catégorie donne droit au concessionnaire ou adjudicataire à la culture des produits vivriers ou à l'entretien de bétail sur la partie de terrain non réservée aux cultures d'exportation de 2e catégorie.

ART. 61. — Une concession de la 3e catégorie donne droit à l'entretien de bétail et à la culture de tous produits sur la partie du terrain non réservée aux cultures d'exportation de 3e catégorie.

ART. 62. — Une concession de 1re et 2e catégories ne donne pas droit à la culture des produits compris dans les catégories supérieures.

Tout concessionnaire ou adjudicataire qui contrevient à cette disposition est déchu de ses droits, à moins qu'il ne consente à payer un supplément par hectare à fixer par le Commissaire de la République en Conseil d'Administration.

ART. 63. — Le prix fixé au cahier des charges est basé sur les circonstances locales, et notamment sur la situation du terrain, par rapport aux moyens d'évacuation des produits (ports, voies ferrées, cours d'eau navigables, routes, etc.).

ART. 64. — Le cahier des charges tient compte également, pour la détermination du prix, de la richesse du terrain en produits naturels, au moment de l'attribution du dit terrain. Il prévoit des dispositions spéciales pour la conservation des essences forestières et des arbres producteurs (palmiers, caoutchoutiers, colatiers, etc.) pendant toute la période d'attribution provisoire.

ART. 65. — Les concessions de terrains ruraux d'une superficie de 10 hectares au maximum et d'un seul tenant peuvent être octroyées gratuitement aux indigènes, à titre individuel ou collectif, aux conditions générales stipulées par les attributions de terrains ruraux.

ART. 66. — Les terrains ainsi concédés aux indigènes leur sont attribués en toute propriété, après l'exécution des clauses du cahier des charges.

ART. 67. — Toutefois, les bénéficiaires ne pourront vendre les dits terrains pendant un délai de vingt-cinq ans, à compter de la remise du titre définitif, qu'à des personnes agréées par la Commissaire de la République et sous cette réserve qu'une superficie de 2 hectares du terrain concédé n'est, en aucun cas, aliénable et constitue le Homestead indigène.

ART. 68. — Tout arrêté portant aliénation de terrains domaniaux au Togo est obligatoirement inséré au *Journal Officiel* de la colonie.

Les actes de concession devront faire mention de la publicité à laquelle les demandes de concession auront donné lieu.

Lomé, le 6 avril 1922.

Approuvé par dépêche ministérielle n° 54
du 7 décembre 1922.

3. — *DÉCRET* du 6 *décembre* 1922, *portant modification à l'article 3 du décret du* 11 *août* 1920 *sur le domaine et le régime des terres domaniales au Togo.*

RAPPORT AU PRÉSIDENT DE LA RÉPUBLIQUE FRANÇAISE

Paris, le 6 décembre 1922.

Monsieur le Président,

Le décret du 11 août 1920, portant organisation du domaine et du régime des terres domaniales au Togo, prévoit, en son article 3, que les lots situés dans le périmètre des ports et des gares du chemin de fer, ainsi que les concessions d'une étendue de 100 à 1.000 hectares, sont accordés par le Gouverneur général de l'Afrique Occidentale Française, sur la proposition du Commissaire de la République. Ces dispositions sont en concordance avec le décret du 21 août 1917, qui place le Commissaire de la République du Togo sous l'autorité du Gouverneur général de l'Afrique Occidentale Française. Or, depuis cette date, est intervenu le décret du 23 mars 1921, qui a institué l'autonomie administrative de ce territoire. Une modification de l'article 3 du décret précité semble donc s'imposer.

D'autre part, il convient de laisser au Commissaire de la République le soin de préciser les conditions de détail dans lesquelles pourront être accordés les lots urbains ou situés dans le périmètre des ports et des gares, ainsi que les concessions d'une étendue inférieure à 1.000 hectares.

Enfin, M. BONNECARRÈRE a attiré mon attention sur les inconvénients que présente pour le développement économique d'une agglomération, l'interdiction de concéder dans une localité plus d'un lot de terrain à la même personne et sur les avantages qu'il y aurait à porter ce nombre à trois, ce qui permettrait aux maisons de commerce de posséder les locaux qui leur sont strictement indispensables.

Partageant entièrement la manière de voir de ce haut fonctionnaire, j'ai fait préparer, en conséquence, le projet de décret ci-joint, que j'ai l'honneur de soumettre à votre signature.

Je vous prie d'agréer, Monsieur le Président, l'hommage de mon profond respect.

Le Ministre des Colonies,

A. SARRAUT.

LE PRÉSIDENT DE LA RÉPUBLIQUE FRANÇAISE,

Vu le décret du 23 mars 1921, déterminant les attributions du Commissaire de la République française au Togo ;

Vu le mandat sur le Togo, confirmé à la France par le Conseil de la Société des Nations en exécution des article 22 et 119 du Traité de Versailles en date du 28 juin 1919 ;

Vu le décret du 11 août 1920 portant organisation du domaine et du régime des terres domaniales au Togo ;

Sur le rapport du Ministre des Colonies,

DÉCRÈTE :

ARTICLE PREMIER. — L'article 3 du décret du 11 août 1920, portant organisation du domaine et du régime des terres domaniales au Togo, est modifié ainsi qu'il suit :

« L'aliénation des terres domaniales est soumise aux règles suivantes :

« 1º Les lots urbains compris dans un plan de lotissement, arrêté par le Commissaire de la République, en Conseil d'Administration, et les lots situés dans le périmètre des ports et des gares, compris également dans un plan de lotissement établi comme il est prescrit ci-dessus, sont accordés par le Commissaire de la République, en Conseil d'Administration, aux conditions déterminées dans chaque cas par l'acte de concession lui-même, suivant le lieu, la nature du sol et l'exploitation à entreprendre.

« Chaque adjudicataire ne pourra obtenir dans la même localité plus de trois lots, avec obligation de les mettre en valeur, suivant les conditions et les délais fixés par les cahiers des charges ;

« 2º Les concessions rurales portant sur une étendue de moins de 1.000 hectares sont accordées par le Commissaire de la République en Conseil d'Administration ;

« 3º Les concessions rurales portant sur une étendue égale ou supérieure à 1.000 hectares sont accordées par décret, rendu sur le rapport du Ministre des Colonies, sur les propositions du Commissaire de la République et après avis de la Commission des concessions coloniales.

« Dans ces deux derniers cas, les conditions de la concession sont stipulées dans un cahier des charges qui fixe également le taux des redevances.

« Le cahier des charges relatif aux concessions rurales égales ou supérieures à 1.000 hectares devra être soumis à l'approbation du Ministre des Colonies.

« Un arrêté du Commissaire de la République déterminera les conditions dans lesquelles sera effectuée l'aliénation des terrains urbains ou situés dans le périmètre des ports et des gares de chemin de fer et des concessions rurales d'une étendue inférieure à 1.000 hectares. »

Art. 2. — Le Ministre des Colonies est chargé de l'exécution du présent décret.

Fait à Paris, le 6 décembre 1922.

A. Millerand.

Par le Président de la République :

Le Ministre des Colonies,

A. Sarraut.

* * *

4. — *DÉCRET du 23 décembre 1922, rendant applicables au Togo les dispositions du décret du 24 juillet 1906 portant organisation du régime de la propriété foncière dans les colonies et territoires relevant du Gouvernement général de l'A. O. F.*

Rapport au Président de la République française

Paris, le 23 décembre 1922.

Monsieur le Président,

Le décret du 11 août 1920 a fixé le régime auquel doivent être soumis, au Togo, le domaine public et le domaine privé de l'Etat ; mais le régime foncier lui-même n'a fait jusqu'à ce jour l'objet d'aucune réglementation.

Le Commissaire de la République dans ce territoire a appelé mon attention sur l'intérêt qu'il y aurait à combler cette lacune en rendant applicables au Togo les dispositions du décret du 24 juillet 1906, qui a organisé la propriété foncière en Afrique Occidentale Française, en instituant, toutefois, un régime de transition entre le régime foncier allemand et le régime nouveau.

Partageant la manière de voir de ce haut fonctionnaire, j'ai fait, en conséquence, préparer le projet de décret ci-joint que j'ai l'honneur de soumettre à votre signature.

Je vous prie d'agréer, Monsieur le Président, l'hommage de mon profond respect.

Le Ministre des Colonies,

A. Sarraut.

DÉCRET

Le Président de la République française,

Vu le décret du 23 mars 1921, déterminant les attributions du Commissaire de la République française au Togo ;

Vu le mandat sur le Togo, confirmé à la France par le Conseil de la Société des Nations en exécution des articles 22 et 119 du Traité de Versailles, en date du 28 juin 1919 ;

Vu le décret du 24 juillet 1906, portant organisation du régime de la propriété foncière dans les colonies et territoires relevant du Gouvernement Général de l'Afrique Occidentale Française ;

Sur le rapport du Ministre des Colonies,

DÉCRÈTE :

ARTICLE PREMIER. — Sont rendues applicables au Togo les dispositions du décret du 24 juillet 1906 portant organisation au régime de la propriété foncière dans les colonies et territoires relevant du Gouvernement Général de l'Afrique Occidentale Française.

ART. 2. — Toutes les dispositions de la législation allemande réglementant le régime de la propriété foncière au Togo sont abrogées.

A partir du jour de la promulgation du présent décret au Togo, il ne pourra plus être porté sur le livre foncier, ou « Grundbuch », aucune mention ou inscription quelconque afférentes à la création, à la mutation, l'extinction ou la modification de droits sur les biens inscrits au dit livre foncier.

ART. 3. — L'abrogation de la loi allemande ne porte aucune atteinte aux droits légitimement acquis.

ART. 4. — Les titulaires de droits réels, garantis par une formalité régulièrement accomplie sous l'empire de la législation allemande, devront, pour obtenir le bénéfice de la conservation de ces mêmes droits par l'application du nouveau régime, suivre la procédure établie par le décret du 24 juillet 1906, avec les modifications suivantes :

ART. 5. — L'immatriculation du livre foncier prévue par le décret du 24 juillet 1906 peut être requise :

1° Par le propriétaire, le co-propriétaire d'un immeuble indivis, le successeur légal ou institué du propriétaire ou du co-propriétaire au nom duquel a été effectuée la dernière inscription au « Grundbuch » ;

2° Par le titulaire d'un droit réél sur l'immeuble tenant son droit d'un acte inscrit sous l'empire de la législation allemande ;

3° Par le créancier muni d'un titre exécutoire contre le titulaire d'un droit réel inscrit et grevant l'immeuble ;

4° Par le tuteur, administrateur, ou curateur d'un incapable ayant l'une des qualités ci-dessus.

ART. 6. — Toute personne requérant l'immatriculation doit remettre au Conservateur de la propriété foncière, qui lui en donne les récépissés, une déclaration établie en langue française, signée de lui et d'un mandataire, et contenant :

1° Ses nom, prénoms, qualités et domicile, ainsi que son état-civil ;

2° Une élection de domicile à Lomé ;

3° L'indication que l'immeuble à immatriculer est incrit au « Grundbuch » avec mention des numéros des parcelles, feuillet et volume, ainsi que des nom, prénoms, domicile du ou des propriétaires inscrits ;

4° La description de l'immeuble, ainsi que des constructions et des plantations qui s'y trouvent, avec indication de sa situation, de sa contenance, de ses limites, tenants et aboutissants, et, s'il y a lieu, du nom sous lequel il est connu ;

5° L'estimation de la valeur vénale de l'immeuble exprimée en francs, ainsi que celle de sa valeur locative ou celle du revenu qu'il est susceptible de donner ;

6° Le détail des droits réels inscrits au « Grundbuch » et des baux de plus de trois années afférents à l'immeuble avec mention des nom, prénoms et domicile des ayants droit ;

7° Réquisition au Conservateur de la propriété foncière de procéder à l'immatriculation de l'immeuble décrit. Si le requérant ne peut ou ne sait signer, le Conservateur certifie le fait au bas de la déclaration, qu'il signe en ses lieux et place. A l'appui de la déclaration, qui prend le nom de « Réquisition », le requérant dépose :

1° La copie du titre foncier allemand, ainsi que tous autres actes ou documents de nature à établir la qualité en laquelle il agit ;

2° La traduction en langue française, par un interprète assermenté, de la copie du titre foncier allemand et de ceux des actes ou documents produits qui seraient rédigés en une langue étrangère ;

3° Un plan rigoureusement exact de l'immeuble à l'échelle du 1/100ᵉ, du 1/1.000ᵉ, ou du 1/10.000ᵉ, suivant son étendue.

ART. 7. — Le jour du dépôt de la réquisition de l'immatriculation, s'il existe, sur l'immeuble à immatriculer, des droits réels inscrits au « Grundbuch » autres que le droit de propriété, le Conservateur mentionne d'office ces droits au registre des oppositions.

Au cours de la procédure d'immatriculation, ou en vue de l'établissement des bordereaux analytiques, le Conservateur de la propriété foncière fait traduire d'office les documents déposés aux archives du « Grundbuch », à l'appui des demandes d'inscription des droits réels. Cette traduction est faite par un traducteur assermenté et aux frais du requérant l'immatriculation, sauf son recours contre les intéressés comme il est dit à l'article 15 du présent décret.

Sous réserve de ce qui est dit à l'article 2, le jour de l'immatriculation les droits réels déjà inscrits au « Grundbuch » sont mentionnés d'office au registre des dépôts, et les traductions ci-dessus sont déposées également d'office par le Conservateur à l'appui de la mention. Ces droits réels seront ensuite inscrits d'office sur le titre foncier à leur rang, avec mention qu'il étaient primitivement inscrits au « Grundbuch » et rappel de leur rang d'inscription au « Grundbuch ».

ART. 8. — L'hypothèque de sûreté (sicher hypotek) sera inscrite d'office et sera, après son inscription, régie par les règles du droit français applicables au Togo.

Les dettes foncières et les hypothèques négociables avec lettre hypothécaire (*brief hypotek*) ou sans lettre hypothécaire (*buch hypotek*) ne seront pas inscrites d'office au titre foncier. Le Conservateur de la propriété foncière se bornera à les mentionner d'office au registre des oppositions, comme il est dit à l'article 7 ci-dessus.

Pour obtenir le bénéfice du nouveau régime, les titulaires des dettes et hypothèques négociables devront convertir leur droit en une hypothèque ordinaire du droit français applicable au Togo.

Cette conversion résultera d'une déclaration écrite entre les mains du Conservateur de la propriété foncière qui en donnera récépissé. Si le déclarant ne peut ou ne sait signer, le Conservateur certifie le fait au bas de la déclaration qu'il désigne en ses lieu et place.

Les déclarants déposeront, s'il y a lieu, à l'appui de leur déclaration, le bon foncier ou la lettre hypothécaire établissant leur droit ; ils déposeront également la traduction de ces documents, en langue française, par un traducteur assermenté.

Lorsqu'il s'agira d'une hypothèque négociable sans lettre hypothécaire (*buch hypotek*), le déclarant déposera un exemplaire ou une expédition de l'acte qui a constitué son droit avec une traduction du dit acte, en la langue française, par un traducteur assermenté.

ART. 9. — Lorsque après le dépôt de la réquisition de l'immatriculation, il aura été fait un dépôt en vue de l'inscription d'un nouveau droit par application de l'article 129 du décret du 24 juillet 1906, la réquisition de l'immatriculation ne pourra plus être retirée sans le consentement du nouveau déposant ; toutefois, ce dernier ne pourra refuser son consentement au retrait qu'à la condition de se substituer au requérant défaillant pour poursuivre l'immatriculation.

ART. 10. — Le requérant l'immatriculation sera tenu d'acquitter les droits afférents aux formalités, sauf son recours contre les divers intéressés.

ART. 11. — Le tarif des droits à percevoir au profit du budget local du Conservateur de la propriété foncière et du traducteur seront établis par arrêté du Commissaire de la République en Conseil d'Administration.

Le ou les traducteurs attachés à la conservation de la propriété foncière seront nommés par le Commissaire de la République.

ART. 12. — Le Ministre des Colonies est chargé de l'exécution du présent décret.

Fait à Paris, le 23 décembre 1922.

A. MILLERAND.

Par le Président de la République :
Le Ministre des Colonies,
A. SARRAUT.

***

5. — *ARRÊTÉ du* 23 *octobre* 1922, *réglementant la conservation et l'administrstion des domaines de l'Etat et des territoires du Togo.*

Le Gouverneur des Colonies,
Chevalier de la Légion d'honneur
Commissaire de la République,

Vu le décret du 23 mars 1921, déterminant les attributions et les pouvoirs du Commissaire de la République au Togo ;

Vu le décret du 11 août 1920 sur le domaine et le régime des terres domaniales au Togo ;

Le Conseil d'Administration entendu,

ARRÊTE :

ARTICLE PREMIER. — Dans les territoires du Togo placés sous le mandat de la France, le Service des Domaines est rattaché au Service de l'Enregistrement et du Timbre ; il est placé sous la direction d'un Receveur de l'Enregistrement des Domaines et du Timbre, dont la résidence est à Lomé.

ART. 2. — Ce fonctionnaire est chargé de la conservation et de l'administration des biens corporels ou incorporels dépendant du domaine privé conformément aux lois et règlements en vigueur et aux règles posées ci-après.

ART. 3. — Dans le délai d'un mois, à dater de la publication du présent arrêté, et sous réserve de ce qui est dit aux articles 7 et suivants relatifs aux biens du domaine privé affectés à des services publics, le Receveur de l'Enregistrement des Domaines et du Timbre se mettra en possession de tous les biens qu'il a pour mission de conserver et d'administrer.

ART. 4. — Tout fonctionnaire détenteur de titres, plans et documents relatifs à des biens dépendant du domaine et non affectés à des services publics, est tenu de remettre les dits documents, plans et titres au Receveur des Domaines, qui lui en donnera décharge.

ART. 5. — Les revenus du domaine privé ne pourront être payés qu'entre les mains du Receveur des Domaines ; il en sera de même des produits provenant de coupes, aliénation, etc.

Le même fonctionnaire est chargé du recouvrement des redevances imposées aux bénéficiaires de permis d'occupation temporaire du domaine public.

ART. 6. — Les dépenses nécessitées pour la conservation et l'administration des biens du domaine privé, non affectés, sont autorisées par le Commissaire de la République sur la proposition du Receveur des Domaines.

ART. 7. — Les biens du domaine privé pourront être affectés à des services publics par arrêté du Commissaire de la République, le Conseil d'Administration entendu, après avis du Receveur des Domaines et des Chefs des services intéressés.

La désaffectation pourra être prononcée dans la même forme.

ART. 8. — Les Chefs des services publics affectataires conserveront les titres, plans et documents afférents aux biens affectés.

ART. 9. — Les dépenses nécessitées pour l'entretien des biens affectés seront à la charge du service affectataire.

ART. 10. — Le Receveur des Domaines et les Chefs des services auxquels sont affectés les biens du domaine sont chargés, chacun en ce qui le concerne, de l'exécution du présent arrêté, qui sera affiché et publié partout où besoin sera.

Lomé, le 23 octobre 1922.

BONNECARRÈRE.

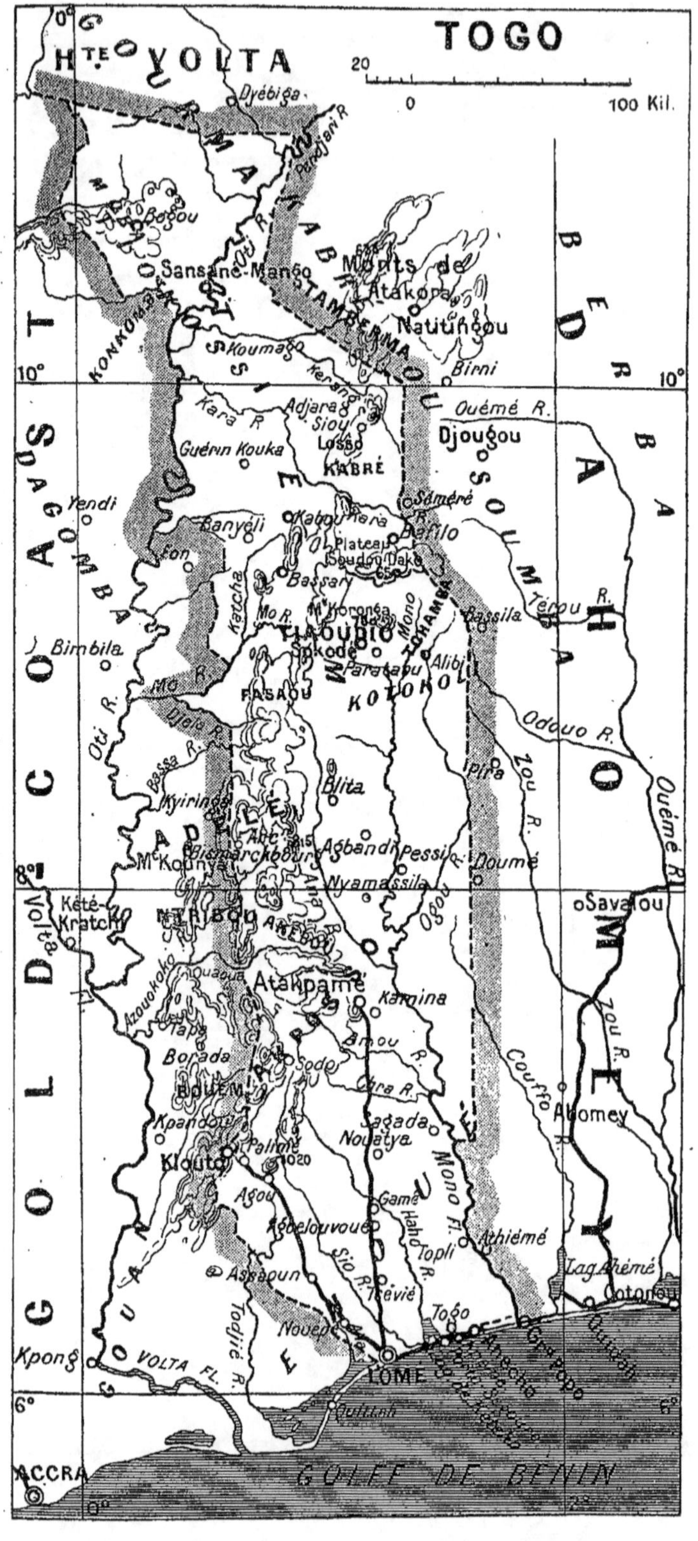

TOGO
20
0
100 Kil.
Hte VOLTA
Dyébiga
Pendjari R.
Bogou
Sansané-Mango
Monts de l'Atakora
Natitingou
Birni
Koumag
Kérang
10°
Kara R.
Adjarag Siou
Losso
Guérin Kouka
KABRÉ
Djougou
Ouémé R.
Séméré
Yendi
Kabou
Kara
Bafilo
Banyéli
Plateau
Soudou Daké
Fon
Bassar
M. Koronéa
Mono
Bassila
Térou R.
Bimbila
TCHOUDJO
Sokodé
KOHAMBA
Alibi
Parakou
KOTOKOLI
Mo R.
Djéla R.
FASAOU
Odouo R.
Bassa R.
Ipira
Zou R.
Kyiringa
Blita
ADÉLÉ
Mc Kounya
Bismarckbourg
Agbandi
Pessi R.
Doumé
Nyamassila
Ogou
Savalou
Kété-
Kratchi
NTRIBOU
Agebou
Volta R.
Ouaouo
Atakpamé
Kamina
Azouokoko
Tapa
Amou
Cara R.
Borada
Sode
BOUEM
Sagada
Kpandou
Nouatya
Atomey
Klouto
Palime
Agou
Gamé
Haho R.
Topli
Agbélouvoué
Athiémé
Lag Ahémé
Assaoun
Sio R.
Tsévié
Togo
Cotonou
Noueb
Kpong
VOLTA FL.
Todjié R.
LOME
Quitah
6°
ACCRA
GOLFE DE BÉNIN
GOLD COAST
DAGOMBA
GOURMA
ATAKORA
TAMBERMA
SOUMBAHO
KONKOMBA
DAHOMEY
KOUSSEINTZIÉ

TABLE DES PLANCHES HORS TEXTE

TABLE DES FIGURES DANS LE TEXTE

CARTE HORS TEXTE

TABLE DES MATIÈRES

CHAPITRE VI

La vie au Togo

CHAPITRE VII

Régime domanial. Régime foncier. Séquestre des biens ex-ennemis. Régime minier

CHAPITRE VIII

Régime douanier. Armes et munitions. Régime fiscal

TROISIÈME PARTIE

CHAPITRE IX

Agriculture

Chapitre X

Elevage. Bois. Chasse. Pêche

Chapitre XI

Industrie

Chapitre XII

Commerce

QUATRIÈME PARTIE

Chapitre XIII

PARTIE ANNEXE

Régime foncier

————

Rochefort-sur-mer. — Imprimerie A. Thoyon-Thèze.

Rochefort-sur-mer. — Imprimerie A. Thoyon-Thèze.